L'ECOLE

DES PEUPLES

ET

DES ROIS.

L'ÉCOLE

DES ...

ET

DES ROIS

L'ÉCOLE

DES PEUPLES
ET DES ROIS,

OU

ESSAI PHILOSOPHIQUE

SUR

La Liberté, le Pouvoir arbitraire, les Juifs
et les Noirs ;

Avec des Notes historiques et critiques.

Je me supposerai dans le Lycée d'Athenes,
répétant les leçons de mes maîtres, ayant les
Platons et les Xénocrates pour juges, et le
genre humain pour auditeur.

J. J. ROUSSEAU.

A PARIS,

Chez LETELLIER, Libraire, quai des
Augustins, N°. 5o.

1790.

AUX ROIS

PROTECTEURS

DE LA LIBERTÉ PUBLIQUE,

Princes illustres,

*Les chefs des nations qui méritent les
éloges des génies brillans de l'éloquence et
de l'histoire, bien loin de devenir un objet
de terreur et d'effroi pour les sociétés poli-*

tiques, aspirent à la gloire d'en être les délices. Ce sont eux qui, plaçant la philosophie à côté du trône, honorent de leur protection bienfaisante les hommes estimables que la sagesse conduit dans la carriere des lettres. Ils ne se couronnent jamais des lauriers sanglans qui ombrageaient le front d'un farouche Marius ou d'un impétueux Alexandre ; et c'est sur les traces des Trajan, des Titus, des Marc-Aurele qu'ils cherchent les roses du bonheur et les palmes de la gloire. S'ils donnent de l'extension à leur empire, s'ils reculent les bornes de leurs états, c'est pour faire paraître dans un plus grand espace les doux rayons de la félicité. Ils sont persuadés que souvent les trônes du despotisme, fondés sur une base glissante, chancellent et s'écroulent au moindre souffle de la sédition, et que c'est la prospérité publique qui, d'une main ferme et sûre, soutient le diadême sur la tête des monarques. Ils font sans cesse de vigoureux efforts pour chasser au loin l'erreur et le mensonge, et pour faire briller l'auguste vérité sur l'horison variable des opinions humaines. Ils n'oublient jamais qu'ils sont les délégués, les serviteurs des sociétés politiques, et que leurs vrais intérêts ne peuvent être séparés des intérêts du peuple. Tels sont les êtres chéris du ciel auxquels j'adresse mes hommages et la dédicace de mon livre.

Hommes puissans, dont le nom est écrit en caracteres radieux dans les fastes du monde, PRINCES ILLUSTRES, daignez porter un regard favorable sur cet essai philosophique : l'audace et la licence n'ont jamais guidé ma plume ; mais en me déclarant le défenseur des droits de l'espece humaine, j'ai cru devoir m'exprimer avec cette fermeté, cette liberté décente qui convient à un être pensant ; et si j'ai dévoilé les maux effrayans qui accompagnent le cruel despotisme, je n'ai pas oublié de jetter quelques guirlandes aux pieds de la statue des vrais pasteurs des nations. Puisse cette production littéraire, honorée de vos suffrages précieux, contribuer au bonheur de quelques-uns de mes semblables !

PRINCES ILLUSTRES, quelle différence entre votre situation heureuse et celle de ces fiers Sultans de l'Asie qui se sont armés du sceptre du pouvoir arbitraire ! Vous n'entendez autour de vous que les chants d'allégresse ou les bénédictions d'un peuple qui vous adore ; mais l'oreille de ces tyrans est souvent frappée par les imprécations terribles de la détresse et du désespoir. Les avenues de votre trône sont ouvertes au concours charmant des arts et des vertus ; mais les Sultans ne sont environnés que de vils flatteurs, qui ne cessent d'opposer aux muses et à la vérité des barrieres insurmontables. Vous jouissez d'une sécurité entiere au milieu des peuples, sous l'égide sacrée des loix ; tandis que les despotes craignent à chaque instant de voir le cimeterre de la vengeance ou la hache de la sédition s'appesantir sur leur tête coupable. Vous ne voyez sur vos pas que des hommes dont le visage est animé par le doux sentiment de l'aisance et de la liberté ; tandis que les tyrans n'apperçoivent que des êtres dégradés par la crainte, et dont le front est marqué du sceau de la honte et de la bassesse. Si l'avenir ne vous présente que des perspectives riantes, il n'offre aux Sultans que des objets d'effroi. Si le temple de l'immortalité paraît à vos regards l'asyle de la félicité suprême, les tyrans n'observent dans les champs de l'espérance qu'un abîme ténébreux dont ils n'osent sonder la profondeur. Vos cœurs sont enivrés de la joie la plus pure ; vous parcourez tous les jours un cercle de nouveaux plaisirs, tandis que l'ennui, le sombre ennui obsede sans cesse les Sultans, et rend leur existence aussi déplorable que la vôtre est fortunée. Tel est le contraste frappant qui se trouve entre vous et les despotes.

PRINCES ILLUSTRES, ne quittez jamais la carriere de bienfaisance et d'émulation où vous êtes entrés. Accélérez les progrès des établissemens utiles ; dissipez les préjugés funestes ; réformez les abus dangereux ; opposez sur-tout des digues impénétrables au torrent destructeur de la superstition et de l'intolérance : vous trouverez de grands obstacles sans doute dans l'exécution de vos projets salutaires ; mais il est beau de les surmonter. Les Rois ont des moyens bien *puissans, lorsque l'amour de la gloire et de la vertu les enflamme.*

Je suis avec un profond respect,

PRINCES ILLUSTRES,

Votre très-humble et
très-obéissant servi-
teur,

J. B. SANCHAMAU.

OBSERVATIONS PRÉLIMINAIRES.

J'AI entendu retentir autour de moi le cri de la liberté ; j'ai entendu quelques citoyens parler avec force des véritables intérêts des peuples et des rois ; mais j'ai apperçu la main perfide de l'adulation s'empressant d'effacer du code social l'énoncé des droits imprescriptibles et nécessaires de l'espece humaine : j'ai connu enfin que presque par-tout on oublie le but essentiel du pacte primitif. Ces objets divers ont fait dans mon ame une impression profonde. Le sang a fermenté dans mes veines ; j'ai dit en moi-même : *Et*

toi, quel tribut veux-tu payer à la patrie?...
J'ai senti pour lors le besoin impétueux
d'écrire, et j'ai écrit. — Mais le sujet de
votre discours n'est pas nouveau. — Il
n'est pas nouveau ! Eh, bon Dieu ! il ne
l'est que trop pour la plupart des hommes !... N'est-il pas possible d'avoir un
cadre particulier, ou quelques idées neuves
sur un sujet semblable ? Est-il nécessaire ,
pour trouver des lecteurs, de n'avoir à
présenter que des singularités ou des pa-
radoxes ? N'y a-t-il point de sujets propres
à exercer la plume de plusieurs amis de
la vérité ? Un homme qui a quelqu'énergie , quelque sensibilité, peut - il ne pas
parler des droits essentiels de l'homme ,
lorsqu'à chaque instant son oreille est fa-
tiguée , son cœur est blessé par les plaintes
sourdes, par les gémissemens profonds des

victimes du cruel orgueil et de l'usurpation tyrannique ? Mais, dira quelqu'un peut-être, vous avez beaucoup puisé dans l'histoire ; vous citez même quelques traits connus d'un grand nombre de personnes ? —Il est vrai que, dans ma marche, j'ai porté souvent mes regards sur les tableaux que nous présente l'histoire ; et je n'ai pas fait difficulté de citer certains faits connus des hommes instruits, lorsque le lecteur pouvait en tirer des réflexions propres à fortifier mes preuves. Je crois, en effet, que ce n'est pas seulement pour les savans que l'on doit écrire : il me paraît aussi que les traits historiques donnent ordinairement à un ouvrage une teinte agréable et variée. En un mot, mon livre est-il rejetté par les hommes de goût et les bons citoyens, j'ai tort d'avoir écrit. Les

gens de bien lisent-ils cet essai avec quelque plaisir, j'ai eu raison de prendre la
plume.

ESSAI PHILOSOPHIQUE.

Homo sum, nil humani à me alienum puto.
TERENCE.

LA liberté civile, source des vertus patriotiques et morales, et le véhicule du génie, n'est-elle pas favorable au bonheur des souverains et des sujets ?... L'horrible et féroce despotisme n'est-il pas funeste aux puissances couronnées ?... Des êtres intelligens peuvent-ils, sans se rendre coupables d'un crime de *leze-humanité*, attenter à la liberté de leurs semblables (a) ?...Voilà les objets que je me propose d'examiner ; ce ne sont point ici de ces questions oiseuses et futiles dont on amuse des hommes frivoles : la cause que

(a) Il est inutile de dire, sans doute, qu'on excepte les circonstances où les magistrats, en vertu des loix établies, sont obligés de priver de la liberté les individus qui osent troubler l'ordre social.

j'entreprends de plaider est la plus intéressante, la plus belle qu'un citoyen puisse offrir au jugement de ses semblables. Heureux
si mes talens n'étaient pas au-dessous de la
grandeur de mon sujet! Ce n'est pas, le
compas géométrique à la main, que je vais
entrer dans la carriere. Excité par le desir
ardent de persuader et d'émouvoir les ames
pensantes et sensibles, je suivrai l'impulsion
du sentiment qui m'anime. O vérité sainte,
divinité des sages de tous les siecles! fais
briller devant moi ta lumiere bienfaisante;
daigne me servir de guide dans la route que
je vais suivre, et rends-moi digne, par tes
inspirations salutaires, d'être le défenseur des
droits de l'espece humaine.

Occultari potest ad tempus veritas, vinci non potest.
AUGUSTIN.

PREMIERE

PREMIERE PARTIE.

*La liberté, source des vertus patriotiques
et morales.*

LA liberté civile fut toujours la compagne
des bonnes mœurs. La vertu régnait bien
plus à *Lacédémone* que parmi les *Perses*, et
durant sa liberté *Rome* fut vertueuse (1);
mais lorsqu'elle fut soumise à des maîtres,
elle devint l'asyle de la lâcheté, de la disso-
lution. et du cynisme. Ce n'est que dans un
état libre qu'on peut trouver ces hommes
rares animés par l'enthousiasme de la vertu,
tels que *Fabricius*, *Paul-Emile*, *Cincinna-
tus*, *Washington*.

Dans un état despotique, on n'oserait
faire usage de sa raison. Or, ceux qui n'osent
penser veulent au moins avoir des sensa-
tions, et doivent, par ennui, se livrer à la
mollesse et à la débauche. Les tyrans font
toujours leurs efforts pour que les plaisirs et

B

les voluptés engourdissent le sentiment d'indépendance dans le cœur de leurs sujets; ils
ont soin de couvrir de fleurs les premieres
chaînes qu'ils leur donnent.

Je ne vois sous un despote que des êtres
dégradés, abrutis sous le poids de la crainte;
mais si je porte mes regards sur un état libre, je vois des hommes pleins de vigueur,
d'énergie, et qui savent braver les périls et
la mort. La chaste *Lucrece* qui se perce le
sein aux yeux de sa famille, pour allumer
dans le cœur de ses parens, par cette action
hardie, la plus forte indignation contre le
ravisseur infâme qui vient d'attenter à sa pudeur; la courageuse *Arrie* qui, pour montrer à son époux que l'on doit toujours pré-
férer la mort à l'ignominie, s'enfonce un
poignard dans le cœur, et le retire ensuite
de son sein, en disant d'un air serein et
tranquille : *Pétus, il ne fait aucun mal;* ...
le vertueux *Caton*, déchirant ses entrailles,
lorsqu'il voit qu'il n'a plus de patrie à ser-
-vir, et qu'il serait obligé de rendre hommage au destructeur de la liberté romaine;
l'intrépide *Scévola*, qui étend son bras dans
un foyer ardent, pour punir sa main d'avoir
manqué le coup qui devoit délivrer Rome

d'un ennemi formidable : tels sont les hommes qu'inspira le génie puissant de la liberté (*b*).

Les deux traits que je vais citer prouveront encore l'influence étonnante de cette
passion généreuse. Après la journée de *Ma-*
rathon, où *Miltiade* fut vainqueur des *Per-*
ses, un soldat encore tout fumant du sang
des ennemis et du sien se détache de l'armée, et court de toutes ses forces vers la
cité d'*Athenes*, pour annoncer à ses compatriotes la nouvelle flatteuse de cette victoire mémorable. Arrivé devant les magistrats, il ne dit que ces paroles : *Réjouissez-*
vous, nous sommes vainqueurs . . . et tombe
mort. —— Des troupes nombreuses assiegent
les remparts de *Lacédémone*. Cette républi-
que, vertueuse et guerriere, se trouve me-
nacée d'une destruction prochaine. Les ci-

(*b*) Ce fut ce même génie qui fit naître dans le cœur
des *Bataves* une force nouvelle, un noble désespoir,
lorsque, voulant arrêter les puissantes légions que l'ambition et la vengeance conduisaient sur leurs terres avec
la rapidité de la foudre (dans le temps du regne de
Louis XIV), ils percerent les dignes qui retenaient
l'impétuosité des vagues de la mer.

toyens s'assemblent pendant la nuit ; ils dé-
liberent pour envoyer leurs femmes dans
l'île de *Crete*. Cette nouvelle se répand dans
la ville ; celles-ci refusent de consentir à la
décision des *Spartiates*. Une de ces femmes
paraît dans le sénat, l'épée à la main. Son
intrépidité, sa contenance guerriere, le feu
de ses regards étonne ces fiers républicains :
Croyez-vous, dit-elle d'une voix forte et
sévere ; *croyez-vous, ô citoyens ! que vos
femmes puissent aimer la vie après la ruine
de Sparte ?* La liberté civile est donc propre
à faire naître le courage, la grandeur d'ame,
l'héroïsme, l'amour de la patrie ; mais ces
vertus abandonnent les contrées d'où l'on a
chassé la vérité ; elles ne sauraient choisir
pour asyle les empires où le vil esclavage
donne le nom de juste aux despotes les plus
barbares, et où la terreur prononce les
éloges.

En terminant cette division de mon ouvrage, j'aime à reposer un instant mes regards sur l'homme enflammé par l'amour de
la sagesse et de la liberté. Voyez combien il
est digne de l'estime de ses semblables ! Les
disputes bruyantes d'une populace mutinée,
les cris de l'envie qui s'efforce de verser sur

lui ses poisons dévorans , les sifflemens affreux des tempêtes , les mugissemens d'une
mer irritée , les éclats redoublés de la foudre
brûlante , l'aspect effrayant de la mort qui
parcourt d'une aîle rapide le théâtre san-
glant de la guerre, ne sauraient troubler son
ame. Ferme, courageux , intrépide , il voit
du même œil la bonne et la mauvaise fortune (2). Il ne s'endort jamais dans les bras
d'une indigne mollesse ; et la douleur cruelle,
en enfonçant dans son cœur la pointe aiguë
de ses traits , ne saurait lui arracher un soupir. Content d'être un homme libre ; il ne
brigua jamais des dignités fastueuses : exempt
d'ambition , on ne le voit pas ramper dans
les sallons dorés d'un *Satrape* opulent, d'un
lâche *Sibarite*. L'air menaçant d'un despote
ne saurait abaisser ses regards ; chargé de
chaînes, il conserverait toute sa fierté. Il
connaît, il respecte les loix ; il sent qu'il ne
doit jamais ployer sa tête sous l'effort d'aucune autre puissance. Tel est l'homme sage
et libre : sur les ruines du monde il n'aurait pas plus de crainte qu'au milieu des
festins.

La liberté civile , ainsi que nous venons
de le voir , peut être regardée comme la

source des vertus patriotiques et morales. Essayons de faire connaître son heureuse influence sur l'esprit humain.

La liberté véhicule du génie.

Le génie ne résida jamais dans le cœur d'un vil esclave : il remplit de sa flamme brûlante les hommes passionnés pour la liberté. *Sophocle, Demosthene, Newton*, étaient libres. *Corneille, J. J. Rousseau, Montesquieu* ne respiraient que pour l'indépendance. Dans un pays où regne le despotisme, le génie persécuté prend difficilement l'essor. L'homme animé de quelque étincelle des passions généreuses y est presque toujours obligé de concentrer dans son cœur les sentimens sublimes dont il est enflammé : il se couvre du voile de l'indifférence ; il vit, il meurt ignoré dans le sein tumultueux de la société. C'est un bel oranger qui croît, s'éleve, exhale ses parfums dans un vaste désert.

C'est à la contradiction, par conséquent à la liberté de développer et publier ses idées, que les sciences doivent leur progrès ; faites disparaître cette liberté, que d'erreurs consacrées par le temps seront citées comme des axiomes ! Il est donc avantageux pour la société que la presse soit libre : et le magistrat qui donne des entraves aux talens oppose les plus grands obstacles à la perfection de la morale et de la politique ; il détruit les germes précieux des idées que l'heureuse liberté aurait fait éclore ; il se rend coupable envers ses concitoyens. (c).

(c) J'entends déjà certaines personnes s'écrier avec emportement que cette liberté ne sert qu'à ouvrir la porte à l'impiété, à la calomnie, aux systêmes absurdes, aux motions incendiaires, enfin aux plus grands désordres... Je répondrai, en peu de mots, à ces partisans de l'inquisition exercée par les despotes sur les talens et le génie : avec toutes vos défenses, vos réquisitoires, vos arrêts foudroyans, y avait-il autrefois en *France*, proportion gardée, un moindre nombre de livres contraires aux mœurs et à la religion qu'en *Angleterre* ? Je crois que non : vos défenses, vos réquisitoires, vos arrêts foudroyans étaient donc inutiles. Voici le parti qui, à cet égard, me paraît le plus convenable dans ce vaste empire. La liberté de la presse doit exister avec les précautions suivantes : 1°. aucun ouvrage ne pourra s'imprimer dans le royaume qu'avec le nom de l'auteur, éditeur ou libraire ; 2°. il sera composé un tribunal d'examinateurs littéraires d'une intégrité reconnue ; 3°. les auteurs, éditeurs ou libraires ne seront dans le cas de

L'homme qui a de l'énergie, l'homme fait
pour s'élever au-dessus de la sphere étroite

---

comparaître devant le tribunal littéraire que lorsque
l'ouvrage contiendra des personnalités répréhensibles,
des peintures cyniques et obscenes, ou des principes
capables d'arracher du cœur des hommes ces vérités
consolantes dont l'ensemble forme une sorte de religion
universelle, que tout membre d'un corps politique bien
ordonné est obligé d'admettre ; 4°. l'administration prendra les mesures les plus sages pour ce qui concerne la
librairie étrangere.

Il n'est pas nécessaire, sans doute, d'avertir mes lecteurs que, dans une nation, il ne résultera de ce plan aucun effet salutaire, si tous les individus n'inclinent pas
également la tête sous le sceptre de la loi, et si chaque
citoyen n'a pas la faculté de citer un puissant oppresseur
devant un tribunal équitable et impartial. —Mais quelle
sera en *France* la peine réservée à l'écrivain obscene,
calomniateur, ou l'apôtre de l'anéantissement et de l'athéisme ? —Puisqu'il faut que je réponde à cette question, je dirai : Cet écrivain est fou, ou ne l'est pas. S'il
est fou.... les petites maisons ; s'il n'est pas fou....
500 livres d'amende, ou un exil de cinq ans ; s'il récidive.... chassé pour toujours de sa patrie, et déclaré
indigne d'être *Français*.

Les administrateurs, amis du vrai et du bien public,
conviendront, je crois, que la liberté de la presse ainsi
limitée doit nécessairement être avantageuse aux peuples et aux souverains.

du vulgaire, lorsqu'il voit certains individus de la société s'efforcer de soumettre son ame à leur despotisme absurde, s'écrie avec toute l'indignation que méritent les tyrans. « Ma raison est l'essence de mon être : elle est à moi, et ne dépend d'aucune puissance humaine. Libre par sa nature ; elle ne peut être subordonnée qu'au Créateur qui est la raison suprême. Cet être indépendant n'aurait-il fait naître en moi l'ardeur d'acquérir des connaissances, et l'amour du vrai plus fort que le desir du repos et des voluptés ; n'aurait-il éclairé mon ame des rayons de sa propre intelligence ; ne serais-je susceptible d'examiner, de méditer, de juger, que pour languir dans une stupide mollesse, ou pour céder à l'impulsion de quelques individus méprisables qui veulent s'ériger en tyrans de mes pensées ? Livré dès l'enfance aux prestiges de la superstition et de l'erreur, assiégé de toutes parts d'une foule de préjugés dont l'absurdité me révolte, ne dois-je pas briser les liens d'un si funeste esclavage ? Ne dois-je pas écouter la voix de la nature plutôt que les clameurs de l'opinion ? La vérité, cette souveraine de mon esprit, fera seule mes délices ; elle seule peut m'imposer des loix : le voile qui la cache à mes regards, les ombres épaisses dont on veut la couvrir ne feront qu'exciter ma passion insurmontable. Que des cabales puissantes favorisent le parti de l'erreur ; qu'elles emploient, pour établir son empire, et les déclamations de l'enthousiasme, et les violences du pouvoir arbitraire, elles ne pourront jamais me forcer à croire le mensonge.... Eh ! comment les mortels pourraient-ils enchaîner notre esprit? Il s'élance d'un pôle à l'autre avec plus de rapidité que l'éclair. Il s'éleve , il plane au - dessus du système des mondes ; il pénetre dans l'attelier de la nature ; il mesure, il parcourt les vastes contrées de l'espace ; il prend l'essor jusques vers le trône sublime du grand-Être ; il rend hommage à cette Intelligence suprême de ses facultés morales , et défie l'Univers de le réduire en esclavage ».

La connaissance de la vérité indique les moyens d'établir les fondemens de la félicité publique ; or , si tout homme , en qualité de citoyen , doit contribuer de toute sa force individuelle au bonheur de sa patrie , il est obligé de dire la vérité lorsqu'il la croit avantageuse à ses semblables. —Un vertueux *Chi-*

nois, justement indigné des vexations des *Mandarins*, se présenta devant l'empereur, et lui adressa ses plaintes. *Je viens*, ajouta-t-il, *m'offrir au supplice auquel de pareilles représentations ont fait traîner six cents de mes concitoyens, et je vous préviens de vous préparer à de nouvelles exécutions : la Chine possede encore dix-huit mille braves patriotes qui, pour la même raison, viendront successivement vous demander le même salaire.* À ces mots il garda le silence ; et l'empereur, frappé de sa hardiesse, lui accorda la récompense flatteuse pour un bon citoyen, la suppression des impôts , et la punition des coupables. — Le *duc d'Orléans*, fatigué des représentations du député d'une province sur laquelle il voulait mettre un nouvel impôt, répondit avec chaleur à cet envoyé : quelles sont donc vos forces, pour vous opposer à mes volontés ? que pouvez-vous faire ? *obéir et haïr*, répliqua le député. Cette réponse vigoureuse fit impression sur le régent , et l'engagea à supprimer l'impôt. — Une pauvre femme se jetta aux pieds de *Soliman* II, pour se plaindre de ce que, la nuit précédente, des soldats avaient tout enlevé chez elle pendant son sommeil : il fallait, répondit le sultan en souriant, que ton sommeil fût bien profond, puisque tu n'as pas entendu le bruit qu'on a fait sans doute. *Il l'était en effet,* dit cette femme; *parce que je croyais que ta hautesse devait veiller pour moi.* Le sultan admira le courage de cette femme, et lui fit rendre ses effets, en y ajoutant cent pieces d'or. Citoyens qui parlez aux rois, c'est avec le même courage que vous devez leur présenter la vérité (3).

La révélation de la vérité ne fut jamais odieuse qu'à ces lâches adulateurs trop souvent écoutés des princes, et qui leur représentent le peuple instruit comme turbulent et dangereux, et le peuple abruti comme souple et timide. Dans le corps politique, ainsi que dans le corps humain, il faut un certain degré d'effervescence et de chaleur pour y conserver le mouvement et la vie. L'indifférence pour la gloire et la vérité produit dans tous les esprits une langueur funeste. Prenons les *Indiens* pour exemple : quels êtres, lorsqu'on les compare aux habitans actifs et industrieux des rives de la *Seine* et de la *Tamise !* que l'*Inde* moderne est différente encore de cette *Inde* autrefois si célebre, et qui, regardée comme le berceau des arts, était remplie d'hommes qui ne respiraient que pour les sciences et la gloire ! Les rois amis des peuples doivent donc honorer de leur protection les mortels estimables qui s'occupent des progrès des arts et de la vérité. Dans certaines contrées un nuage noir paraît-il au-dessus des montagnes, c'est le voyageur instruit par l'expérience, qui seul y découvre l'annonce de l'ouragan ; il conseille aux habitans de se hâter vers leur demeure : il sait que, descendant du haut des monts, ce nuage va s'étendre sur la plaine, pour y porter la destruction, et pour couvrir d'un voile ténébreux l'astre bienfaisant qui brille encore sur sa tête. L'erreur qui vient de naître est ce nuage, et le sage est le voyageur éclairé qui prévoit les effets funestes du nuage, et qui enseigne les moyens de s'en garantir.

Ce ne sont point des princes magnanimes qui punissent la liberté de dévoiler ses pensées. Le baron de *Reichel*, colonel au service de *Charles* XII, roi de *Suede*, se trouvant accablé de veilles et de fatigue après un combat très-long, s'était étendu sur un banc pour y jouir d'un moment de repos. Ses yeux se fermaient à peine, lorsqu'on l'éveilla brusquement, pour lui annoncer l'ordre d'aller sur le rempart. Le baron s'y traîne, en maudissant le caractere opiniâtre du roi, et les travaux si durs et si inutiles dont il accablait ses serviteurs. *Charles*, qui entend les propos énergiques du baron, accourt vers cet officier, et quittant son manteau qu'il déploie devant lui, *vous n'en pouvez plus*, dit-il, *mon cher Reichel ; j'ai dormi une heure, je suis frais, je vais sur le rempart à votre place.* Après ces paroles, il le couvre malgré lui de son manteau, le laisse dormir, et va occuper un poste. — Deux soldats de l'armée d'*Antigone*, successeur d'*Alexandre*, tenaient des discours injurieux pour leur roi d'une voix assez forte pour qu'il pût les entendre lui - même de sa tente. *Antigone*, loin de s'en irriter, ouvrit son pavillon, et se contenta de leur dire : *allez dans un autre endroit médire de votre roi, car je serais obligé de vous punir.* — *Louis* XII ayant été joué par des comédiens, on pressait vivement ce prince de punir tous ceux qui avaient eu cette audace. *Non*,

dit le roi, *ces hommes me rendent justice,
parce qu'ils me croient digne d'entendre la
vérité.*

La liberté favorable au bonheur des souverains et des sujets.

Les peuples ne seront jamais heureux sans
la liberté. De quelle félicité peut-on jouir,
en effet, dans ces tristes régions où l'on voit
un maître impérieux et cruel attenter impunément aux jours de ses sujets, s'il ne
préfere pas de rendre leur existence déplorable en les dépouillant de tous leurs biens?
La liberté a des attraits invincibles pour
tout ce qui respire, et l'on a vu souvent des
animaux enfermés se briser la tête contre
les grilles qui les retenaient.

« La douceur du gouvernement, dit un
auteur célebre, contribue merveilleusement
à la propagation de l'espece. Toutes les
républiques en sont une preuve constante,
et plus que toutes, la *Suisse* et la *Hollande*, (d), qui sont les deux plus mauvais

(b) Quant à la *Hollande*, les choses ont changé. Les
hommes instruits savent depuis quel temps et par quelle
cause.

pays de l'*Europe*, si l'on considere la nature du terrein, et qui cependant sont les
plus peuplés ».

« Rien n'attire plus les étrangers que la
liberté, et l'opulence qui la suit toujours :
l'une se fait rechercher par elle-même, et
nous sommes conduits par nos besoins dans
les pays où l'on trouve l'autre ».

« L'espece se multiplie dans un pays où
l'abondance fournit aux enfans, sans rien
diminuer de la subsistance des peres ».

« L'égalité même des citoyens, qui produit ordinairement l'égalité dans les fortu-
nes, porte l'abondance et la vie dans toutes
les parties du corps politique, et la répand
par-tout. Il n'en est pas de même des pays
soumis au pouvoir arbitraire : le prince, les
courtisans, et quelques particuliers possedent toutes les richesses, pendant que tous
les autres gémissent dans une pauvreté extrême...... »

« Les hommes sont comme les plantes,
qui ne croissent jamais heureusement, si
elles ne sont bien cultivées. Chez les peuples
misérables l'espece perd, et même quelquefois dégenere ».

Comment peut-il y avoir des tyrans ! Les
bons

bons rois sont si heureux . . . Souverains, pourrez - vous , sans émotion , fixer vos regards sur le tableau que je vais vous présenter ?

Un bon roi se soumet aux loix de l'état comme un simple particulier (4). On ne le voit pas toujours languir dans les bras de ses femmes ; ses plus doux instans s'écoulent dans les occupations qu'exige le rang sublime qu'il occupe. Une garde menaçante ne forme pas constamment, autour de sa personne, une forte barriere hérissée de glaives et de lances. Il peut, sans suite, se promener avec assurance au milieu de ses sujets : l'amour qu'on a pour sa personne lui sert de bouclier. Un pere vertueux doit-il craindre ses enfans ? . . . . . On ne voit pas dans son royaume des hommes intolérans se couvrir du manteau de la religion, pour entraîner les peuples dans le sentier de l'erreur. Le contentement et la joie ne quittent presque jamais le sein de sa famille : ses jours sont sereins, et ses nuits paisibles. Sous le regne de ce sage monarque, le commerce fleurit dans les ports; l'industrie, les arts, la tranquillité regnent dans les villes; le faible innocent n'est jamais la victime du riche (5).

C

l’intrigue et la cabale ne sauraient se saisir de la balance de *Thémis :* la justice s’exerce dans tous les tribunaux avec une exactitude irréprochable : une discipline prudente s’observe parmi les troupes : les moyens les plus simples sont employés dans la perception des impôts qui ne sont jamais onéreux pour le peuple. Ce prince consulte souvent des vieillards vertueux, et d’une expérience consommée (6) ; et lorsqu’après une mûre délibération la vérité frappe ses regards, il met, dans ses entreprises, toute l’activité possible. L’économie regne dans sa maison ; et, sans étaler un faste ridicule, il sait faire briller la dignité royale. Quels charmes pour le cœur sensible de ce monarque, de voir tout son peuple heureux par sa justice ! Quels transports ne doit-il pas éprouver, en entendant sans cesse autour de lui l’éloge sincere qu’on fait de ses vertus (7) ! S’il porte ses pas dans la campagne, tous les objets lui annoncent la paix et l’abondance. L’agriculteur paisible, qui ne craint pas de perdre le fruit de son travail, tire de la terre tout ce qu’elle peut produire (8), et s’empresse de s’unir à une femme vertueuse, pour donner à l’état des enfans vigoureux. Le vieillard tremblant et vénérable , qui ranime ses sens à la chaleur du soleil , montre son roi à ses enfans. « Le voilà, s'écrie-t-il , avec attendrissement , le voilà, ce bon monarque, qui fait notre bonheur : qu'il me serait doux de voir prolonger mes jours sous un si beau regne ! » La tendre mère, qui porte dans ses bras le gage nouveau de l'amour de son époux , s'écrie aussi, en fixant ses regards sur son roi : « mon fils, je l'apperçois ce prince si humain , si populaire, à qui tu dois la naissance ; si nous n'avions pas vécu dans ces temps heureux où ses vertus éclairent les mortels , nous aurions craint d'augmenter nos chagrins par le triste spectacle de la misere de nos enfans ». Ce prince bienfaisant savoure à longs traits le plaisir délicieux d'être chéri d'un peuple heureux et libre ; et tandis que ses sujets ne cessent de célébrer sa gloire, les cent voix de la renommée font retentir du bruit de son nom les régions les plus éloignées.

J'ai présenté en peu de mots les avantages de la liberté ; je vais tâcher maintenant de faire connaître les maux effrayans qui suivent la puissance arbitraire.

SECONDE PARTIE.

Tableau du despotisme.

Qu'est-ce qu'un despote ? C'est un mortel barbare qui ne connaît d'autrès loix que sa volonté, et dont le bonheur fut toujours chimérique. Il entend sans la moindre émotion les clameurs plaintives de l'humanité souffrante. Il est comme l'envie que nous dépeint *Ovide* : il aurait de la peine à retenir ses larmes s'il n'appercevrit aucun objet susceptible d'en faire verser. Souvent ses festins ne sont délicieux que lorsqu'il voit la cruelle faim régner parmi le peuple. C'est souvent sur des monceaux de cadavres qu'il raffermit son trône ; et son empire chancelle, dès qu'il cesse un instant d'appesantir son sceptre de fer sur la tête de ses sujets timides. Le monstre ! . . . . il ne peut exister que par le pouvoir funeste de renverser et de détruire. Une garde terrible veille sans cesse autour de lui : ses regards n'inspirent que l'effroi : la terreur et la mort devancent tous ses pas : il ne respire que la cruauté. Que son existence est affreuse ! . . . . . Il n'épancha jamais sés sentimens dans le cœur de ses semblables. L'amitié, la douce amitié, pourrait-elle naître dans cette ame féroce ? Ses sens grossiers ne ressentent que les mouvemens fougueux des passions désordonnées ; et il ne trouva jamais dans les femmes que des machines caressantes qui, en prononçant le tendre nom d'amour, peuvent à peine retenir les élans impétueux du ressentiment et de la haine. Les nuages de l'ignorance investissent toujours l'horizon qui l'environne. Les muses timides n'approchent jamais de ses états désolés. On n'y entend de toutes parts que les soupirs de la détresse, les cris de l'infortune, ou les imprécations horribles que vomit en secret un peuple indigné sur la tête coupable du tyran qui l'opprime.

Les traits suivans, tirés de l'histoire ancienne et moderne, prouveront à mes lecteurs que, dans ce tableau du despotisme, je n'ai pas employé des couleurs trop sombres.

La belle *Irene*, maitresse favorite de *Mahomet II* (9), écrivit une fois à ce sultan

C 3

à-peu-près en ces termes : « redoutable seigneur, la craintive *Irene*, plongée dans les
horreurs d'une guerre terrible, se prosterne
à vos pieds, et vous supplie d'arrêter le mas-
sacre que font vos Janissaires de nos chers
concitoyens. Nos parens eux-mêmes ont
été renversés par le fatal tranchant du cimeterre, et j'ai vu le palais de mes peres dévoré
par les flammes. Que ne puis-je trouver la
mort à travers les fleuves de sang qui rou-
lent de toutes parts ! . . . . Le trépas est bien
doux pour ceux dont les jours ne sont qu'un
tissu de malheurs. Funestes appas, qui avez
enflammé le cœur de l'auteur de ces ravages, disparaissez, si vous ne pouvez en arrêter le cours ; et que les sillons causés par les
larmes qui coulent sur mon visage en fanent
les couleurs...Formidable empercur, ce n'est
qu'en guérissant les plaies de ma patrie que
vous rendrez à mon ame éperdue les sentimens que peut desirer votre tendresse. »

Telles étaient les paroles d'une princesse
effrayée des ravages de l'ambitieux et féroce
despotisme. Avançons, les preuves historiques à la main, et l'horreur que nous inspire le pouvoir absolu augmentera peut-
être.

Un habitant de l'*Arabie*, écrasé sous le poids des impôts, se trouve dans l'impuissance de faire subsister sa famille : il va se jetter aux pieds du *calife*, pour lui faire ses plaintes ; le tyran s'en irrite, et le fait condamner à mort. En allant au supplice, cet infortuné rencontre un officier de la bouche. Pour qui ces viandes ? dit l'*arabe* à l'officier. — Pour les chiens du *calife*. Dieu ! s'écrie ce malheureux, *que le sort des chiens du calife est préférable à celui de ses sujets !* . . . . . Y aurait-il des souverains qui pourraient entendre, sans frémir, ces paroles terribles ? . . . . .

L'homme, auprès de son despote, est sans opinion et sans caractere. *Thamas Kouli-Kan* soupe avec son favori ; on sert un nouveau légume : le sultan en mange abondamment. Rien de meilleur et de plus sain que ce mets, dit le prince. Rien de meilleur et de plus sain, ajoute le courtisan. Le sultan se trouve incommodé pendant la nuit ; il ne peut pas jouir d'un moment de sommeil. Rien de plus détestable et de plus mal-sain que ce légume, dit ce Prince, à son lever. Rien de plus détestable et de plus mal-sain, dit le courtisan. Mais tu ne disais pas la même chose hier, répond le despote ; qui te force ainsi à changer de sentiment ? — *Le respect et la crainte que tu m'inspires ; je suis l'esclave de ta hautesse, et non de ce légume : je puis médire impunément de ce mets ; mais je ne sais pas si je pourrais impunément te découvrir ma pensée* (10).

Cambise, roi de *Perse*, voulant prouver à un de ses courtisans qu'il excellait à tirer de l'arc, lui dit de faire venir son fils, qu'il fit placer à quelque distance de la table où il était. Ce prince ayant ensuite ordonné à ce jeune homme de se déshabiller, et de porter les bras sur sa tête ; il prit une de ses fleches, et la dirigea vers le fils du courtisan, avec tant de justesse, qu'il l'atteignit au cœur, et le fit tomber mort. Que dit le pere à ce spectacle affreux ? ces paroles : *Apollon même, seigneur, n'aurait pas tiré avec plus d'adresse.* Il n'y a que le courtisan d'un maître absolu qui, dans ces circonstances, puisse parler ainsi. Voilà donc les êtres qui vous environnent, ô despotes ! que vous êtes à plaindre, si vous n'avez pour toute société que de vils esclaves qui se couvrent toujours du masque dangereux de la dissimulation !

Le fait que je vais rapporter va nous donner encore du despotisme l'idée la plus effrayante. Les *Anglais*, assiégés dans le fort *Guillaume* par les troupes du *Suba*, ou vice-roi du *Bengale*, sont faits prisonniers. On les renferme dans le sombre cachot de *Collicota*. Ils s'y trouvent au nombre de cent quarante-six, entassés dans un petit espace de dix - huit pieds quarrés. Ces infortunés, dans un des pays les plus chauds de la terre, et dans la saison la plus ardente de ces contrées, ne peuvent recevoir de l'air que par une fenêtre presqu'entiérement bouchée par la grosseur des barreaux. A peine sont-ils entrés qu'ils sont couverts de ruisseaux de sueur, et tourmentés par une soif dévorante. Ils étouffent, poussent des cris affreux, demandent qu'on les enferme dans une prison plus spacieuse ; mais leurs plaintes sont inutiles. Ils veulent agiter l'air brûlant qui les environne, et se servent pour cela de leurs chapeaux ; vaine ressource : leurs forces s'épuisent ; plusieurs tombent en défaillance, et poussent le dernier soupir. Ceux qui vivent encore font de nouveaux cris, pour demander de l'air, et veulent qu'on les partage en deux cachots. Ils parlent, pour obtenir cette grace, au *Jemman-Daar*; un des gardes de la prison. Le cœur du garde n'est pas inaccessible à la pitié et à l'avarice. Il promet, pour une somme considérable, de parler au *Suba* de leur état. A son retour, les *Anglais* s'écrient, du milieu des cadavres, qu'on leur rende l'air, qu'on ouvre la prison. *Malheureux, dit le garde, achevez de mourir; le Suba repose; quel esclave aurait l'audace d'interrompre son sommeil?* Voilà le despotisme (11).

Le pouvoir arbitraire, quand il ne peut pas impunément déployer toute sa rigueur, semble vouloir adoucir le sort des nations. D'abord son empire est doux, équitable, paisible; il paraît ne vouloir s'occuper que du bonheur des individus qui l'environnent: il écoute d'un air tranquille et serein les plaintes et les réclamations de la société nombreuse qui lui a confié ses intérêts. Tel est dans sa naissance le pouvoir absolu; mais insensiblement il gagne du terrein, il croît, il se fortifie, leve sa tête altiere, parle d'un air menaçant, et fait régner la terreur avec la tyrannie. C'est un lion qui n'attendait que le moment où la nature aurait rendu ses dents et ses griffes meurtrieres, pour

aller effrayer la campagne par ses rugisse-
mens.

Les idées propres à dévoiler les maux
cruels dont le despotisme est suivi se présentent en foule à mon esprit, et je continue.

Le souverain d'un peuple nombreux s'est-
il armé du sceptre du pouvoir absolu, ce
peuple languit, s'énerve tous les jours. La
splendeur de la cour d'un Sultan étonne
d'abord le stupide vulgaire; il se persuade
souvent que les ressources de l'empire sont
égales à la richesse et à l'étendue de ses
palais : mais le philosophe pense différem-
ment; il n'apperçoit, au milieu de cette magnificence fastueuse dont s'énorgueillit le
despote, que l'appareil lugubre de la mort.
Les souverains ne devraient jamais oublier
la comparaison qu'a faite *Montesquieu* du
pouvoir arbitraire avec l'arbre abattu par le
sauvage pour en cueillir les fruits. En effet,
que voit-on dans la *Perse*, ce pays gouverné
par la puissance absolue? des habitans épars
dans des contrées spacieuses où regne l'infortune, et des tyrans féroces qui, la flamme
et le fer à la main, se disputent des champs
ensanglantés et des cités en cendres. Que

voit-on sur le trône *Ottoman ?* un souverain dont le vaste empire n'est qu'un vaste désert qui ne présente plus que l'ombre de sa grandeur passée, et qui verrait peut - être toute sa puissance se briser contre le rocher de *Malte*. Considérez ce chêne qui domine dans la campagne : on le prendrait pour le monarque des forêts. Son tronc majestueux, ses branches étendues annoncent quelle fut sa force et sa vigueur : il est cependant dans un état de faiblesse, et la pâleur du feuillage qui le couronne vous fait connaître aisément qu'il renferme dans son sein un principe inévitable de destruction. Il en est ainsi des nations soumises au pouvoir arbitraire.

L'orgueil insensé des despotes doit être bien insupportable pour tout homme qui connaît la dignité de son être (12). On rapporte que les habitans du *Mexique*, en présence de leur chef, tenaient leurs yeux fixés vers la terre, et n'osaient jamais regarder en face cet empereur. Lorsque les nobles étaient admis à son audience, ils n'y venaient que pieds nuds, avec les habillemens les plus simples, et lui rendaient des hommages qui allaient jusqu'à l'adoration. Les *Péruviens* reconnaissaient dans leurs *incas* des êtres d'une nature supérieure ; admis en leur présence, ils ne paraissaient qu'avec un fardeau sur les épaules, comme un emblême de leur servitude. Tout officier chargé des ordres du monarque était l'objet de la terreur du peuple ; et lorsqu'il montrait une frange du *borla*, ornement royal du chef de l'empire, il devenait le maître de la vie et de la fortune de tous les citoyens. Dans certaines contrées, ceux qui obtiennent la faveur de paraître devant leur roi sont obligés de baiser la poussiere du marche-pied du trône, et de frapper plusieurs fois la terre de leur front humilié. Enfin, dans tous les lieux où domine le pouvoir arbitraire, le despote semble ne mettre aucune différence entre l'homme et la brute. Que ces pensées sont affligeantes pour le sage ! . . . Sur ces terres malheureuses où l'homme baisse un front servile sous la verge de la tyrannie, une ame fiere, un esprit élevé seraient un don funeste. Aucun individu n'entreprend d'y défendre les droits des nations ; et celui qui a le courage de donner à ce sujet des conseils à son maître *lave ses mains dans son propre sang*, dit le poëte *Saadi*. Dans ces régions dévastées par la contagion du despotisme, l'homme sensible détourne, en gémissant, ses regards du malheur de ses semblables ; il n'ose arrêter sa pensée sur les suites déplorables du pouvoir illimité ; il craint de dissiper les nuages dont il est environné ; il craint de voir une lumiere importune. Sa situation est semblable à celle du voyageur qui vient de faire naufrage, et qui se sert des débris du navire pour conserver ses jours. Dans le temps que la nuit couvre la mer de ses ombres, l'espérance flatteuse, compagne de l'illusion, lui fait entrevoir une terre prochaine : son courage se ranime, il fait de nouveaux efforts ; mais le lever de l'aurore est un moment terrible pour cet infortuné : c'est alors que ses regards éperdus ne découvrent de toutes parts que l'immensité des mers et de ses malheurs, et que la douce espérance qui le soutenait sur sa planche flottante s'envole pour céder sa place au plus affreux désespoir.

Le pouvoir arbitraire peut-il ne pas produire des effets désastreux ? Il n'y a pas, je crois, un seul despote qui ait la moindre idée des sciences nécessaires aux suprêmes délégués des peuples. Quel est, par exemple, le genre d'éducation que reçoit en *Tur-*

quie l'héritier présomptif de la couronne impériale ? Enfermé, dès son enfance, dans un quartier retiré du serrail (13), il n'a pour tout amusement qu'une femme et un métier de tapisserie ; il ne quitte sa retraite que pour aller rendre ses devoirs au maître de l'empire, et pour lors il est accompagné d'une garde vigilante qui le ramene ensuite à son appartement, où il trouve toujours sa femme et son métier de tapisserie. Or, comment peut-il apprendre de cette maniere le grand art de gouverner les peuples ? Comment peut-il connaître les hommes ? Lorsqu'il est appelé sur le trône, le premier objet qu'on lui présente, c'est la carte de ses vastes états ; et la seule chose qu'on lui annonce, c'est qu'il doit faire ses efforts pour devenir l'amour de ses sujets et la terreur de ses ennemis. Mais sa femme et son métier de tapisserie lui ont-ils enseigné les moyens de remplir ces devoirs ? Ce prince inhabile à régner s'enferme ensuite dans son *harem*, prescrit des ordres absolus, annonce qu'il est le plus grand souverain du monde, change à chaque moment de favorites, de pachas, de visirs ; fait empâler les uns, fait étrangler les autres, et croit gouverner un empire.

Le despotisme funeste aux puissances couronnées.

Que les despotes connaissent peu leurs intérêts lorsqu'ils appesantissent un joug de fer sur des individus dont ils devraient faire le bonheur ! leurs gardes, leurs janissaires sont-ils un solide rempart contre les entreprises de leurs nombreux ennemis (14)? Non, sans doute. Ces esclaves soudoyés, qui ne sont conduits que par le ressort de la crainte ; ces êtres méprisables, qui ne furent jamais excités par l'aiguillon puissant du patriotisme et de la gloire, ne sauraient se distinguer par de grandes actions. Faibles, tremblans, pusillanimes, ils prendront lâchement la fuite dès qu'on leur opposera des hommes enflammés par des passions plus nobles; et livreront leur maître à la discrétion des vainqueurs. Tels ont été souvent les satellites armés des souverains absolus de l'*Indostan*, de la *Perse* et de la *Chine*. Parmi les militaires d'Europe, ceux qui, jouissant de la considération de leurs concitoyens, brûlent du desir d'acquérir de la gloire,

ceux

ceux qu'un dur esclavage n'a jamais flétris ;
ceux dont l'ame fiere et magnanime ne peut
céder qu'à la loi de l'honneur , se sont rendus célebres par leur héroïsme. Les anec-
dotes suivantes , tirées des annales de ma
patrie (e) ; donneront du jour à cette vérité.
Le jeune *Brienne* a le malheur d'avoir un
bras cassé au combat d'*Exiles* ; mais cet accident ne ralentit pas sa valeur. Il monte
à l'escalade , en s'écriant : *il me reste un
bras pour servir ma patrie*. Ensuite sa main
sanglante et déchirée ne pouvant enlever les
palissades des retranchemens ennemis , ce
nouveaux *Cynegire* meurt en s'efforçant de
les arracher avec les dents. — Le marquis
de *Beauveau* reçoit un coup mortel au siege
d'*Ypres*. Sa blessure lui cause des douleurs
inexprimables : les soldats qui l'environnent ,
remplis d'admiration pour ses vertus héroïques , se disputent l'honneur de le porter.
Beauveau leve sa tête appesantie ; et leur
dit d'un air serein et tranquille : *mes amis ,*

(e) Il est donc vrai que le temps est venu où le nom
de *patrie* ne doit plus être un mot vuide de sens dans la
bouche d'un *Français*.

D

vous perdez un temps trop précieux ; allez combattre, et laissez-moi mourir. — A la bataille de *Pavie*, *Jean le sénéchal*, gentilhomme de la chambre, apperçoit un arquebusier qui vise sur un prince : aussi - tôt il couvre ce prince de son corps, et reçoit le coup qui le prive de sa vie (*f*). Les esclaves armés de l'empereur *Ottoman*, du *grand-mogol*, ou du *sophi* de *Perse*, sont-ils capables de ces actions sublimes (15) ?

Tout gouvernement où le chef, ne connaissant aucune loi, n'écoute que sa volonté, ses fantaisies, son caprice, est absurde, ridicule, contraire à la nature. La loi n'est rien lorsqu'elle n'est pas également respectée du monarque et des sujets (16). Lorsqu'un roi se met au-dessus des loix, il détruit le premier le pacte social ; il rompt

---

(*f*) La nation *française*, qui ne connaissait que l'ombre de la liberté, paraissait avoir plus de nerf, plus d'énergie que les peuples soumis au rigoureux despotisme. Elle serait bien différente, si elle jouissait d'une liberté complette ! Que l'on donne à l'empire *Français* une constitution solide ; que tous les citoyens de cet empire rentrent dans les droits primitifs et incontestables d'un état social bien organisé, et j'ose annoncer qu'ils formeront la plus puissante nation du monde.

les nœuds qui unissaient le prince et le peuple .... *L'émeute qui finit par étrangler un sultan,* dit le célèbre Rousseau , *est un acte aussi juridique que ceux par lesquels il disposait la veille de la vie et des biens de ses sujets : la seule force le maintenait, la seule force le renverse.*

Des courtisans s'entretenaient , en présence de *Louis* XIV , du pouvoir despotique des sultans , et en citaient des traits remarquables. Le roi, que ses premiers essais avaient rendu fier de sa grandeur et de son autorité , s'écria avec une espece d'enthousiasme : voilà , voilà ce qui s'appelle régner ! Pour lors le duc de *Montausier,* qui prévoyait les suites d'une réflexion semblable , ajouta avec sa sincérité ordinaire : *mais, sire, deux ou trois de ces sultans ont été étranglés, de mes jours, pour avoir outré la tyrannie d'un pareil gouvernement* (17).

La nature n'a pas donné au despote des moyens assez puissans pour asservir lui seul une nation entiere ; il ne peut la charger de fers qu'avec le secours de ses nombreux janissaires. Ces troupes tumultueuses lui sont-elles défavorables , levent-elles l'étendard de la révolte , alors privé de son

(52)

soutien , ce prince est sans autorité , sans
vigueur , sans énergie , et disparaît sous les
débris de son trône : il en est bien autre-
ment d'un prince qui fait régner les loix.
Akbar , *fils d'Amayum* , *grand mogol* ,
enflé de ses richesses et de sa puissance ,
voulut se faire décerner les honneurs qui ne
sont dûs qu'à la divinité ; mais son orgueil
stupide fut confondu par un de ces coups
éclatans qui tiennent du prodige. Il avait
rassemblé dans une des vastes plaines qui
sont aux environs de *Lahor* , sa cour , son
armée et le peuple , pour célébrer une fête ,
en l'honneur du soleil qu'il regardait comme
son collègue. L'autel , élevé en forme de
trône , et enrichi de toutes parts de dia-
mans précieux dont l'éclat augmentait la vi-
vacité des rayons du jour , était environné
de l'empereur et des princes , et présentait
la figure du roi du firmament. La magnificence *mogole* déployée avec l'appareil le
plus fastueux , l'harmonie des instrumens ,
les cris d'allégresse de la sotte multitude
enivrée de plaisir , la beauté du jour , tout
concourait à rendre la solemnité également
auguste et brillante ; lorsque tout-à-coup le
ciel s'obscurcit , la foudre gronde dans les

nirs, frappe l'autel, renverse l'idole et la réduit en poudre, s'élance jusqu'à la tente de l'empereur, et se communique ensuite au palais qui fut consumé avec tous les trésors d'*Akbar*, fruits de sa tyrannie. Cet événement nous retrace le sort funeste des despotes.

Ce n'est point sur le mausolée d'un sultan qu'on peut graver ces paroles : *sa mort fut le soir d'un beau jour*. Voici l'inscription que le *calife Abdoulrahman*, un des plus puissans princes de l'*Orient*, fit graver sur sa tombe, « Honneurs, richesses, puissance, j'ai joui de tout ; j'ai été l'objet de l'estime et de la terreur des princes mes contemporains, qui ont envié mon bonheur, ma gloire, et recherché mon amitié. Durant le cours de ma vie, j'ai marqué avec la plus grande exactitude tous les jours où j'ai goûté un plaisir pur et véritable ; et durant un regne de cinquante années, je n'en ai pu compter que quatorze ». Combien de despotes on pourroit citer, qui n'ont jamais eu le bonheur de voir un jour pur et sans nuage ! Tous ont été en proie aux noirs chagrins, aux perplexités cruelles.

Denis, tyran de *Syracuse*, craignait tel-

lement d'être poignardé, qu'il avait toujours une cuirasse sous ses vêtemens ; ce
prince ne haranguait jamais le peuple que
du haut d'une tour (18).—*Cromwel*, déchiré
de remords , et croyant voir à chaque instant le glaive de la vengeance suspendu sur
sa tête, fit construire dans le palais de *Wi-
théal* un grand nombre de chambres dont
chacune avoit une trappe par laquelle on
pouvait parvenir à une porte qui aboutis-
sait à la *Tamise*. C'était dans ces chambres
qu'il se retirait tous les soirs , se déshabil-
lant seul , et ne couchant jamais deux nuits
de suite dans la même place. De pareilles
terreurs annoncent les dangers qui environnent la puissance arbitraire. C'est donc une
vérité incontestable , que le prince qui se
propose d'établir les fondemens du despotisme creuse un précipice pour sa postérité ,
et peut-être pour lui-même (19). Les annales
de l'*Orient* fournissent à ce sujet les plus
grandes preuves. Tous les trônes y sont
souillés du sang des despotes. Quelle main
le versa ? Celle des esclaves.

L'on a vu des peuples supporter pendant
long-temps, sans se plaindre, les exemples
cruels des princes absolus ; mais quand

caprices injustes ont été le signal d'une révolution. *Grisler*, gouverneur d'*Ury*, fait
placer son bonnet au haut d'une perche,
avec ordre de le saluer, sous peine de mort.
Guillaume Tell, fatigué du despotisme qui
désole sa patrie, refuse le salut, est condamné à mort, et n'a l'espoir d'éviter le
trépas qu'en renversant d'un coup de flèche
une pomme que l'on a placée sur la tête de
son fils. Le pere a le bonheur de réussir ;
mais *Grisler*, qui apperçoit une autre flèche
sous l'habit de *Tell*, demande pour quel
usage elle était destinée. *Je la réservais pour
toi*, dit le courageux républicain, *si j'eusse
atteint mon fils*. La vengeance que méditait
ce fier citoyen n'est que différée : quelques jours après, il tue le gouverneur ; et
la mort du tyran fait renaître la liberté des
Suisses.

Sésostris, roi d'*Egypte*, ayant soumis, par
le secours de ses armées innombrables, l'*E-
thiopie*, l'*Arabie*, la *Syrie*, la *Lydie*, en
devint si superbe qu'il fit son entrée dans
Memphis sur un char d'or émaillé de pier-
reries, et traîné par quatre rois qu'il avait
détrônés. L'un de ces malheureux princes
se retournant, *Sésostris* lui demanda ce

qu'il considérait : *je regarde*, dit-il, *les roues de ton char, dont le mouvement me représente l'inconstance de la fortune. Je suis aujourd'hui ton esclave ; et demain peut-être je serai assis à ta place, tandis que tu seras forcé de te mettre à la mienne.* La fortune, en effet, a des revers terribles pour les despotes. Souvent lorsque la foudre brûlante se forme dans le sein des nuages ; lorsque la tempête furieuse est sur le point de s'élancer sur les aîles rapides des vents, pour porter dans la plaine la désolation, la terreur et la mort : un calme profond regne de toutes parts, et ce silence effrayant est le présage funeste de la destruction. Tel est quelquefois, orgueilleux sultans, le repos qui vous environne. Le pouvoir arbitraire, cette calamité des nations, est donc funeste aux têtes couronnées ; et l'on ne devrait jamais taire aux rois cette vérité essentielle : que la monarchie modérée est aussi la plus désirable ; que la prospérité des peuples fait naître celle du prince (*g*) ; qu'il n'est

---

(*g*) Les *Français* citeront toujours avec plaisir le passage suivant d'un écrit célebre publié en 1667, au nom puissant que par leur force , riche que par leur abondance ; que son intérêt est dépendant du leur., et qu'enfin son devoir est de les rendre heureux. Un *dervis indien*, touché des malheurs de sa patrie, osa parler ainsi à *Thamas - Kouli - Kan : si tu es un dieu , agis en dieu ; si tu es un prophete , conduis - nous dans la voie du salut ; si tu es un roi , rends les hommes heureux* (20).

Sur le trône de tous les monarques on devrait graver en lettres d'or ces paroles :

Salus populi suprema lex.

Je crois avoir entiérement dévoilé les

---

et par les ordres de *Louis XIV :* « Qu'on ne dise donc point que le souverain ne soit pas sujet aux loix de son état, puisque la proposition contraire est une vérité du droit des gens que la flatterie a quelquefois attaquée , mais que les bons princes ont toujours défendue, comme une divinité tutélaire de leurs états. Combien est - il plus légitime de dire avec le sage *Platon :* Que la parfaite félicité d'un royaume est qu'un prince obéisse à la loi, et que la loi soit droite *et toujours dirigée au bien public* ».

malheurs que produit le féroce despotisme :
il me reste à examiner si des êtres intelligens peuvent, sans se rendre coupables
d'un crime, attenter à la liberté de leurs
semblables.

TROISIEME PARTIE.

Un homme peut-il avoir le droit de rendre esclave son semblable ?

L'HOMME n'a point de faculté plus noble que la liberté (21) ; et lorsqu'il s'en dépouille, il avilit, il dégrade son être, il se rend semblable aux brutes, il offense l'auteur de son existence. Un homme, dira-t-on, par des conventions et des contrats peut faire à autrui une cession de ses biens, pourquoi ne pourrait-il pas en faire autant de sa liberté ? — Quelle différence entre les biens de la fortune et la liberé ! Lorsqu'un homme, par des conventions civiles, s'est dépouillé de ses richesses en faveur d'un autre, ces richesses lui deviennent étrangeres : il n'est pas obligé de répondre de l'usage que pourront en faire ses semblables ; mais la liberté est une propriété essentielle de son être : il lui importe qu'on ne puisse pas en abuser , et il ne saurait l'aliéner sans se rendre coupable de tous les crimes qu'il sera forcé de commettre , s'il devient l'agent d'un scélérat.

Puisque l'esclave n'est qu'un être passif, puisqu'il ne peut pas disposer de sa volonté ; si son maître lui ordonne de porter la flamme dans le temple de son dieu, de mutiler ses enfans, d'arracher la vie à l'auteur de ses jours, l'esclave doit donc commettre tous ces crimes !.... Quelle absurdité ! quelle horreur !... La liberté est donc un bien qu'on ne peut aliéner ; par conséquent celui qui veut s'approprier la liberté de son semblable se rend coupable du vol le plus affreux. Il offense l'auteur de la nature ; il avilit, il dégrade, il détruit, autant qu'il est en lui, un être intelligent ; il commet un assassinat (22). Je défie tous les sophistes, tous les despotes, tous les tyrans du monde d'obscurcir l'évidence de ce raisonnement.

O vous, qui avez été nommés les pasteurs des peuples, permettez que je vous présente cette adresse respectueuse ! Si vos états renferment des hommes accablés sous le poids de la servitude, le modérateur suprême de tout ce qui existe vous ordonne de ranimer ces êtres malheureux par les rayons consolateurs de la liberté. La vue seule d'un esclave respirant dans les contrées de votre domination devrait toujours exciter dans vos cœurs l'anxiété la plus pénible (*h*). Vous ne pouvez trouver votre bonheur que dans celui des peuples que vous gouverniez (23) : il n'est beau de régner que lorsqu'on se propose de contribuer à la prospérité des sociétés politiques. *Tait - song*, célebre empereur de la *Chine*, se promenant dans une barque avec ses enfans, leur disait un jour ces paroles : *Vous voyez cette barque, mes enfans; c'est l'eau qui la porte, et qui peut en même temps la submerger; songez que le peuple ressemble à cette eau, et l'empereur à cette barque.* L'auteur de la nature n'a pas donné la naissance à des milliers

-----

(*h*) Pourquoi dans nos cités voyons-nous des esclaves enchaînés aux pieds de la statue des rois? Des instrumens de labourage, la troupe intéressante des génies, des arts, de riantes bergeres portant des corbeilles de fruits, des agriculteurs tenant dans leurs mains des gerbes abondantes, tous les objets enfin qui peuvent nous retracer le bonheur et la prospérité, ne seraient-ils pas des ornemens plus convenables à la statue d'un protecteur des peuples ?

d'êtres intelligens, pour être l'objet des caprices d'un seul ; et si jamais des mortels
avilis ont osé prononcer ces paroles horribles : Que les peuples n'existent que pour
contribuer aux plaisirs des rois, la mémoire
de ces individus méprisables doit être à jamais l'objet de l'exécration publique.

Princesse, qui remplis le Nord du bruit de
ton nom, lorsque tu parais sur le trône du
plus vaste empire de l'univers, pour t'élancer dans la carriere que le grand *Alexiowitz* (24) avait ouverte à ses successeurs ;
lorsque tu fais trembler le maître de *Constantinople* dans les murs du serrail, en menaçant les *Musulmans* de venir régner dans
les lieux où ton sexe ne connaît que l'esclavage ; lorsqu'à ta voix bienfaisante, le bril-
lant concours des sciences et des arts va
chercher un asyle dans les glaces du Nord ;
lorsque tu nous annonces que tes flottes iront
voguer sur des mers où l'on ne vit jamais
le pavillon de *Russie*, tu m'étonnes sans
doute, ô puissante souveraine ! mais tu recevrais les hommages de tous les cœurs sensibles et vertueux, si tu prononçais ces paroles : *Je veux que tous mes sujets soient
libres* (25).

Réclamation en faveur des Noirs.

Mes regards, en parcourant la classe des esclaves, s'arrêtent sur les negres, cette partie de l'humanité que nous accablons du joug le plus dur et le plus flétrissant. . . . . . Pouvons-nous penser, sans frémir, au commerce odieux que l'on fait de ces hommes! Peuples d'*Europe*, vous vantez beaucoup vos sciences et vos arts ; vos philosophes ne cessent de faire entendre les mots *d'humanité, de bienfaisance;* l'urbanité, la politesse regnent de toutes parts dans vos cités bruyantes ; vous appellez barbares les autres nations; et vous osez charger vos semblables des pesantes chaînes de l'esclavage ! Quels droits avez-vous sur les peuples d'*Afrique ?* Parce qu'ils sont noirs, vous croyez qu'il vous est permis de les vendre ! . . . . Tout homme qui sait entendre le cri de la nature ne peut voir sans des mouvemens d'indignation le trafic honteux que vous en faites... Si j'accompagne ces malheureux dans les contrées de l'*Amérique* où vous les transplantez, quel spectacle pour un cœur sensible ! Je les vois flétris, méprisés, exposés à toute la rigueur d'une tyrannie injuste et sanguinaire , arrosant continuellement la terre de leurs sueurs, pour ne recueillir que la misere et le désespoir. Cruels *Européens*, sont-ce vos loix qui vous portent à cet excès de barbarie ? Est-ce votre religion qui vous l'inspire ? ... Mais le *Christ* était l'être le plus doux du monde.

Que ne puis-je communiquer à tous les souverains le sentiment qui m'anime ! que ne puis-je exciter en eux la pitié par les tableaux des calamités qui affligent les negres ! ... Je vais peindre l'état affreux où j'ai vu moi-même ces individus de l'humanité souffrante... Je vais... la plume échappe à ma main timide. Je n'ai pas la force de tracer toutes ces horreurs : j'ai honte de prouver à des hommes qu'ils sont quelquefois plus cruels que les tigres ... Les animaux voraces, en s'enivrant du sang de la proie qu'ils déchirent, ne suivent qu'un instinct irrésistible ; mais toi, barbare, qui appesantis les verges de la sévérité sur les êtres gémissans dont je réclame les droits, tu ne suis que l'impulsion funeste d'une cruauté réfléchie, mille fois plus horrible que celle des bêtes féroces !

Si

Si dans les contrées d'*Afrique* je pouvais élever ma voix au milieu de ses habitans, je leur dirais : Que la différence de couleur ne vous empêche pas de me regarder comme votre frere ; je suis un de ces hommes qui trouvent leur patrie sur tous les points du globe. N'écoutez jamais les discours séduisans des *Européens* qu'un vil intérêt amene sur vos côtes ; ne vous laissez jamais éblouir par leurs présens futiles ; croyez que la nature ne vous fit pas inférieurs à ces êtres. Vous n'êtes pas nés pour l'esclavage ; respectez les droits de la justice et de l'humanité ; éloignez de ces lieux les préjugés que vous laisserent vos ancêtres : le bonheur peut naître parmi vous. Vous pouvez vous passer des autres peuples. Si vous croyez cependant retirer quelqu'avantage du commerce avec les *Européens*, contentez-vous d'échanger votre gomme, votre ivoire, votre poudre d'or avec les marchandises qu'ils vous présentent. Si vous découvrez encore qu'ils cherchent à semer la discorde dans vos paisibles demeures, hâtez-vous de chasser ces hommes dangereux ; et que le premier qui reparaîtra sur vos côtes n'y trouve que la mort pour prix de son audace et de sa cupi-

dité. Exercez-vous à la pêche et à l'agriculture ; prenez pour vous gouverner des hommes recommandables par leur jugement et
leur intégrité ; adoptez une religion sage,
paisible, modérée, amie des loix de la nature. Que les jeux et les fêtes portent la joie
dans vos familles ; que les liens de la concorde et de la paix vous unissent : immolez
sans pitié ceux d'entre vous qui voudraient
vendre leurs semblables ; que leur nom soit
livré pour toujours à l'opprobre, à l'infâ-
mie ; et craignez sur-tout les ruses perfides
des *Européens*.

Tout homme qui n'a pas un cœur de fer
peut-il penser, sans frissonner d'horreur,
que de cette quantité prodigieuse de sucre
qui se consomme en *Europe*, il n'y a pas un
seul morceau peut-être qui ne soit imprégné
des larmes ou du sang de ces esclaves? Êtres
vils et méprisables, ames pêtries de boue
que la soif ardente des richesses dévore,
bouchers exécrables de l'espece humaine,
marchands européens qu'un intérêt sordide
entraîne sur la côte de *Guinée*, il est temps
enfin, il est temps de mettre un terme à ce
trafic honteux, à ce commerce infâme qui
devrait, en vous couvrant d'opprobre, fixer

pour toujours dans vos cœurs les plus affreux remords.

Lorsque des hommes durs et violens nous disent qu'il est absolument nécessaire de traiter les negres avec beaucoup de rigueur, je rappelle en mon esprit le souvenir d'un *Quaker*, qui, après avoir rassemblé ses esclaves noirs, leur parla ainsi d'une voix énergique et touchante : « Mes amis, vous que des loix établies parmi nous avaient condamnés à gémir sans cesse dans la servitude, écoutez avec la plus grande attention ces paroles d'un homme qui desire ardemment de contribuer au bonheur de ses semblables. Lorsque vous portez vos regards sur quelques-uns de vos compatriotes, vous êtes agités sans doute par des mouvemens de douleur et de pitié ; vous vous écriez peut-être, à la vue des calamités qui les affligent : Pourquoi nos freres sont-ils traités avec tant de barbarie ? La nature n'aurait-elle été pour nous qu'une marâtre ? Ne sommes-nous pas des hommes aussi bien que nos maîtres ?...Mes amis, je connais comme vous l'injustice de quelques-uns des habitans de ces contrées. Je vois avec peine qu'ils ne rougissent pas d'appesantir les verges de la

E 2

tyrannie sur la tête innocente de leurs esclaves, et je desire que la bienfaisance éleve
ses autels dans les lieux où dominait auparavant la cruauté sanguinaire. Loin de nous
le féroce despotisme. Que la justice et la
modération ne cessent de fixer en cet asyle
la concorde et la félicité. Mes amis, je vous
regarde tous comme mes freres. Dans l'espace de quatre ans vous ne serez plus mes
serviteurs, si les liens qui vous unissent à ma
famille vous paraissent insupportables (i).
Ce n'est que par le sentiment de la recon-
naissance que je veux vous retenir. Vous ne
serez pas condamnés à fertiliser mes terres
par des torrens de sang et de sueur. Les
travaux qui vous sont réservés ne seront pas
trop pénibles. Je prendrai part à vos occupations ; nous cultiverons de concert les
campagnes qui doivent vous procurer la sub-

(i) Ce bon *Quaker* savait parfaitement que quelquefois des raisons supérieures de commerce et de politique
prescrivent de ne faire le bien que par gradation ; il savait que dans un pays où le nombre des esclaves surpasse
de beaucoup celui des maîtres , le passage brusque des
negres à la liberté donnerait au corps social des commotions violentes et des secousses dangereuses.

sistance. Les jours dont vous jouirez auprès
de moi ne seront pas sans cesse obscurcis
par les sombres vapeurs du chagrin et de la
tristesse. Vous aurez vos momens de récréa-
tion, vous aurez vos jours de fête. Si mes
vœux sont remplis, vous ne connaîtrez jamais les rigueurs de la faim. Une nourriture
abondante et salutaire conservera la vigueur
dans votre corps : les douces influences de
la santé feront naître la joie dans votre ame.
L'amour pourra semer de fleurs la carriere
que vous allez parcourir. Vous pourrez vous
unir par des liens légitimes à l'objet de votre
attachement. Je ne serai jamais envers vous
un maître capricieux et bizarre ; mais comme
il est nécessaire pour le bien de toute notre
société que la paix qui regne dans cette habitation ne soit pas troublée par l'impunité
de ceux qui annonceraient des intentions
perverses, je vous ferai part de quelques ré-
glemens qui me paraissent indispensables,
et que l'équité seule peut m'avoir suggérés.
Lorsque le sentiment intime de la justice
vous aura forcés de donner à ce code votre
approbation, tous ceux qui, par leur incon-
duite ou leur méchanceté, mériteront notre
haine, seront toujours jugés d'après ces ré-

E 3

glemens. Adieu, mes amis ; je vous souhaite
tout le bonheur possible ».

Tel fut à-peu-près le discours de cet honnête homme. Ses actions furent conformes
à ces paroles touchantes : il traita constamment ses esclaves avec beaucoup de douceur, et ceux-ci ne cesserent jamais d'avoir
pour leur maître toute la fidélité, toute la
vénération possible. Ils l'aimaient comme
leur pere ; ils veillaient avec un soin extrême à la conservation de ses jours. La mort
de cet homme respectable et chéri les aurait
tous plongés dans une tristesse profonde.
L'obligation de s'éloigner pour toujours d'un
maître si bienfaisant aurait été pour eux un
malheur inexprimable. Lorsque ces serviteurs fideles étaient appelés à la culture des
champs, ils travaillaient avec la plus grande
ardeur. Les terres de cet honnête citoyen
devinrent tous les jours plus fertiles, et le
génie du bien récompensa tant de vertus par
des richesses immenses suivies d'une paix
inaltérable.

Pourquoi les principes de ce *Quaker* ne
sont-ils pas adoptés dans toute l'*Amérique* ?

Les hommes sensibles ne liront pas, je
crois, sans émotion l'anecdote suivante :

un jeune negre qu'on nommait *Zamore* avait été cédé à un habitant de la *Martinique*, *Français* d'origine, et connu sous le nom de *Valsin*. Cet homme doux, compatissant, honnête, ne voulut jamais traiter *Zamore* comme un esclave. Il prit un soin particulier de son éducation, alluma dans son cœur la flamme de l'émulation et de l'honneur, et lui fit connaître les loix que la nature impose à tous les mortels, dès que la lumiere de la raison vient éclairer leur entendement. *Zamore*, sous les regards propices de son bienfaiteur, avait orné son ame de connoissances utiles et agréables. Ses facultés morales s'étaient déployées tout-à-coup. Il vit, en frémissant, l'avilissement, la dégradation, le sort affreux de ses freres. Le sentiment fougueux de l'indignation augmenta son énergie ; et malgré le mépris auquel ses compatriotes paraissaient condamnés, il connut toute la dignité de son être. Il parlait souvent avec la plus grande véhémence à son ami *Valsin* du malheur de ses freres ; et des larmes de rage et de pitié coulaient alors de ses yeux. Quelquefois il se jettait aux pieds de son bienfaiteur, et lui disait avec l'accent le plus pathétique de la reconnaislance : « que je suis heureux , ô monsieur *Valsin* , de couler mes jours sous votre protection ! Sans vous , hélas ! je serais exposé peut-être à toute la misere qui accable mes semblables. O mon bon ami , ô mon cher bienfaiteur , que puis-je faire pour vous prouver combien je suis sensible à des procédés si généreux ! Oui , mon cher protecteur , si j'avais mille vies , je les donnerais toutes pour vous. » Telles étaient les paroles énergiques de *Zamore*. Il ne fut pas long-temps heureux. Monsieur *Valsin* eut des ennemis qui dérangerent ses spéculations. Il essuya des pertes considérables ; on s'empara de ses biens. *Zamore* fut pris et vendu à un cultivateur *Européen* , nouvellement établi à la *Jamaique*. Que son sort fut différent ! Cet homme était un tigre ; il ne vivait que pour tourmenter ceux qui l'environnaient ; et ses esclaves étaient sur-tout exposés aux irruptions terribles de sa férocité.

La destinée de *Zamore* ne fut pas moins affreuse que celle des autres negres. Quel état pour son cœur sensible !... Un de ses camarades commit un jour une faute très-légere, et son impitoyable maître fit frapper le coupable jusqu'à ce qu'on vit le sang de cet infortuné ruisseler de toutes parts. Cet homme inexorable et cruel contemplait ce spectacle avec un plaisir digne des *Euménides*. Le monstre !... il paraissait jouir d'une espece de volupté, en prolongeant les douleurs du malheureux esclave... A cette idée horrible je frissonne de tous mes membres; la plume échappe de ma main vacillante... O mes lecteurs, si vous ne partagez pas mon émotion, que vous êtes à plaindre !... *Zamore* est témoin de cette scene affreuse. La sueur glacée de l'effroi se répand sur son front, ensuite tout son sang bouillonne dans ses veines ; les convulsions de la fureur l'agitent, sa vue se trouble, il s'égare, il ne se connaît plus. Dans sa frénésie, il saisit une épée qu'il trouve par hasard, et s'enfuit en s'écriant : *J'aime mieux mourir que vivre avec ces tigres. Zamore* précipite ses pas : son agitation, ses regards enflammés, ses gestes véhémens, tout annonce en lui le plus grand désespoir. On le poursuit ; il accélere sa course : on le poursuit encore ; il fait de nouveaux efforts : on le presse, on l'approche, on veut le saisir ; il se défend avec son épée ; il renverse un des satellites de son maître : on l'environne, on l'accable ; il est pris.

L'infortuné *Zamore* fut condamné à mort ; et dans le temps qu'on faisait l'appareil de son supplice, il parla ainsi à une troupe d'*Européens* et de negres qui l'environnaient :

« Quels êtres inconcevables, êtes-vous donc, ô *Européens* ! quel assemblage funeste de courage, de savoir, de cruauté, de perfidie vous offrez à nos regards ! Serait-ce le dieu du mal, l'affreux *Arimane*, qui vous aurait jettés dans ces lieux, pour nous tourmenter et nous détruire ? Après avoir fait disparaître de ces contrées plusieurs millions d'*Indiens*, vous cherchez d'autres terres pour en faire le théâtre de vos atrocités ; vous pénétrez dans l'*Afrique*, vous y semez la discorde ; vous y portez les germes de vos folles passions ; vous nous arrachez du sein de nos familles ; vous nous transplantez dans des pays lointains pour nous faire souffrir tous les maux qui peuvent affliger l'humanité (26). Audacieux *Européens*, êtes-vous des hommes ou des bêtes féroces ? C'est en vain que vous me présentez la mort sous les formes les plus effrayantes ; je ne me repen-

tirai jamais de ce que je viens de faire. J'ai
réclamé les droits que l'auteur de notre existence accorde à tous les mortels ; j'ai voulu
repousser la force par la force, et voilà tout
mon crime..... Écoutez-moi, ô *Européens* !
et soyez justes, si cependant vous en êtes
susceptibles. Peut-on voir sur la surface du
globe des êtres aussi malheureux que nous
le sommes sous le fardeau de votre domination tyrannique ? Vous ne nous donnez pas
un seul moment de relâche : la crainte et le
chagrin nous poursuivent sans cesse ; vous
éloignez de nous les plus légers plaisirs; vous
ne respectez en ces lieux ni les mœurs ni la
religion ; vous ne nous laissez pas le temps
de nous assembler pour offrir nos vœux à
l'Être suprême ; vous nous défendez d'ouvrir
nos cœurs aux plus douces inspirations de la
nature, et vous employez les moyens les plus
odieux pour séduire nos compagnes, et pour
éteindre dans leur ame tout sentiment de
pudeur et de fidélité (27). C'est en vain que
par notre constance et nos travaux nous vous
procurons les moyens de couler vos jours
dans le luxe et l'abondance ; c'est en vain
que nous faisons à chaque moment de nouveaux efforts pour ranimer nos forces mou-

fantes., lorsqu'en cultivant vos terres nous
sommes accablés par des chaleurs excessi-
ves ; rien ne peut vous satisfaire. Nous voyons
toujours au-dessus de nos têtes. les fouets et
les bâtons dont vous armez vos satellites féroces. Vous nous pressurez , vous nous écra-
sez, et vous voulez encore que nous ayons
pour vous des sentimens d'estime et de recon-
naissance !...Je quitte avec plaisir cette terre
de désolation , pour m'élancer dans les bras
de l'auteur de mon être... Il est témoin, en
ce moment, de mon innocence et de votre
crime...et je souhaite qu'il vous pardonne ».

Telles furent les paroles du pauvre *Zamore*. Tous les negres versaient des larmes,
ou frémissaient de fureur. Le sentiment de
la pitié semblait avoir pénétré dans le cœur
de quelques *Européens* ; ils paraissaient attendris : mais le maître de *Zamore*, ce tigre
intraitable , donna le signal du supplice (*k*).

(*k*) Si je ne craignais de soulever le cœur de tout
homme sensible qui lira mon ouvrage , je ferais une des-
cription détaillée des peines , des tortures auxquelles des
colons impitoyables condamnent leurs esclaves. Je dirais
avec quel art horrible ils prolongent les douleurs de
leurs victimes gémissantes ; je ferais voir quels sont tous

Zamore supporta des tourmens horribles avec une fermeté inébranlable : ses regards perçans portaient un étonnement inconnu dans le cœur de tous les assistans. Avant d'exhaler son dernier soupir, il leva les yeux vers le ciel, en invoquant le roi de la nature, et en le suppliant de rendre ses freres plus heureux et les *Européens* moins féroces.

Que je serais content de moi-même, si j'apprenais bientôt que mon ouvrage a contribué à délivrer du joug de la servitude quelques individus de l'espece humaine !... J'ose le dire, l'audacieux mortel qui, pressé par l'aiguillon déchirant de l'indigence, ou par la soif insatiable des richesses, attend le voyageur au coin d'une forêt pour lui arracher son or et sa vie, n'est pas plus criminel peut-être aux yeux de la raison, que ce colon barbare qui ne cesse d'appesantir les fouets de l'oppression sur la troupe craintive de ses esclaves. Cet homme exécrable n'est-il pas

---

les moyens qu'ils emploient pour aggraver leurs peines ; je prouverais que ces moyens détestables ne peuvent être conçus que par l'ame atroce des *Phalaris*... Mais la vue de mes lecteurs ne pourrait s'arrêter sur de pareils tableaux.

leur bourreau, n'est-il pas leur assassin dans tous les instans du jour? Les loix sociales devraient sévir sans doute contre un attentat semblable. C'est toi que j'implore, ô religion auguste! viens au secours de l'humanité souffrante; ordonne aux souverains de rendre à ces mortels persécutés les droits que leur accorda le pere de tous les hommes. Prêtres d'un Dieu de paix, je crois devoir vous prescrire de seconder mes efforts par vos sollicitations pressantes: hâtez-vous de faire retentir les chaires de la vérité des discours que doit inspirer aux belles ames la situation de ces victimes éplorées. Ayez le courage d'annoncer à tous les rois, au nom de celui qui soutient la couronne sur leur tête, qu'ils commettent tous les jours un crime de *lèze-humanité*, s'ils n'emploient pas au plutôt les moyens les plus sûrs pour adoucir le sort de ces infortunés.

Au moment où je trace ces lignes, j'apprends avec le plus grand plaisir que plusieurs citoyens respectables de *Boston* ont formé une société dont le but est de protéger les esclaves et de favoriser leur affranchissement. « Le créateur et le pere bienfaisant des hommes, disent ces philantropes,

leur ayant donné à tous un droit égal à la
liberté et à la propriété , aucun pouvoir
souverain sur la terre ne peut justement les
en priver, que conformément à des loix im-
partiales consenties par eux expressément
ou tacitement. Il est donc de notre devoir,
comme citoyens libres et comme chrétiens,
d'être non-seulement touchés de l'injustice
faite à ceux qui sont esclaves parmi nous,
mais encore de prendre toutes les voies légitimes pour les mettre en état de partager
avec nous cette liberté civile et religieuse
dont une providence indulgente a favorisé
ces états, et à laquelle la nature donne autant de droit à nos freres qu'à nous-mêmes.
Les tentatives violentes qu'on fit derniérement pour saisir de force et pour enlever
plusieurs negres libres qui suivaient paisiblement dans cette ville leurs occupations res-
pectives doivent exciter l'indignation de
tous les amis de l'humanité, et devraient être
punies d'une maniere exemplaire. Comme
nous n'ignorons point que l'espoir de l'impunité est très-souvent une tentation invin-
cible au mal, et que la condition précaire
des negres les a sans doute exposés aux outrages qu'ils ont essuyés plusieurs fois , il

nous paraît vraisemblable que les mêmes circonstances pourraient les exposer de nouveau à de semblables affronts. Sans amis, sans lumieres, pauvres, accoutumés à la soumission, comment auraient-ils la faculté de faire valoir leurs droits ! Tous ces motifs réunis nous engagent à former une société pour protéger et défendre ces infortunés qui, proscrits inhumainement, et dévoués aux travaux les plus pénibles, semblent ne pouvoir pas espérer les consolations auxquelles doivent s'attendre des mortels plongés dans le malheur ».

Citoyens bienfaisans de *Boston*, recevez le témoignage public du vif enthousiasme que vos délibérations m'inspirent. Qu'il est glorieux de se réunir ainsi pour secourir l'humanité gémissante ! Des sociétés semblables méritent les éloges de la postérité la plus reculée, et les monumens solemnels de l'admiration de tous les êtres pensans. Respectables philantropes, je crois pouvoir espérer que vous reconnaîtrez dans ce discours les sentimens qui vous animent, et qu'en prononçant le nom de celui qui en est l'auteur, vous ajouterez ces paroles : *il est digne de l'estime des sages.*

Réclamation

Réclamation en faveur des Juifs.

Dans cet écrit, où je défends les droits de l'espece humaine, je ne dois pas oublier d'exhorter les princes philosophes à jetter un regard de bienveillance et de pitié sur ces tribus vagabondes des *Juifs* modernes, dont l'existence est si déplorable (28).

Dans plusieurs contrées de l'*Europe*, le sage cosmopolite ne saurait voir, sans des mouvemens d'une compassion douloureuse, le sort de ces malheureux bannis des arts, des métiers, de l'agriculture, des baux à ferme, de l'instruction publique et de tous les emplois ; flétris par un costume particulier, exclus des promenades publiques, écrasés d'impôts, continuellement exposés à toutes sortes d'outrages et d'humiliations. Que la situation de ces pauvres proscrits doit surtout nous paraître affreuse, si nous les observons à *Francfort sur le Mein !* C'est là que sept mille individus sont entassés dans une espece de prison à laquelle on donne le nom de rue, où le soleil ne pénetre qu'un instant, où le pavé se couvre, en toutes les saisons, d'une fange fétide, et dont l'air

E

privé de circulation, bien loin de faire fleurir la santé, porte souvent les germes de la
mort dans les habitations lugubres de ces infortunés. Que nous sommes inconséquens à
leur égard ! Nous leur arrachons presque
tous les moyens de subsistance, et nous
leur faisons le reproche d'user envers nous
d'astuce et d'adresse ; nous les blâmons de
paraître insensibles au mépris, et nous im-
primons sur leurs vêtemens le sceau de l'ignominie ; nous voulons qu'ils soient honnêtes,
et nous les privons des distinctions de l'honneur.

« O vous ! qui croyez, disait un ami des
hommes, que les *Juifs* modernes méritent
d'être l'objet de la haine publique, allez les
considérer dans l'intérieur de leurs demeures ; vous y verrez régner la paix et la concorde. Leur courage à supporter la honte
dont on veut les accabler, leur adresse in-
génieuse à trouver des ressources au milieu
des plus grandes privations, leur assiduité
dans les pratiques religieuses, leur respect
inviolable pour les vieillards et les peres de
famille, exciteront peut-être votre admiration ».

Si les *Juifs*, dira-t-on sans doute, jouissaient de l'aisance et de la liberté qu'on accorde aux autres individus, ils deviendraient turbulens et dangereux dans la société. — Mais sont-ils factieux à *Livourne* où l'on respecte leur personne, et où leur *sanhédrin* est une jurisdiction autorisée ? Sont-ils à craindre dans les cités d'*Amsterdam* et de *Londres*, où ils ne cessent de jouir d'une parfaite tolérance ? Il est bien à souhaiter que l'on imite de toutes parts, à l'égard de ces tribus dispersées, les vues de *Joseph II* (*1*).

____

(*1*) Mes lecteurs verront sans doute avec plaisir le passage suivant d'une ordonnance de ce prince concernant les communautés *Juives* de la *Galicie*.

« Pour encourager, autant qu'il est possible, les communautés *Juives* de s'appliquer à l'agriculture, de même qu'à la profession de tous les autres arts, métiers et négoce utile, nous accordons par la présente la permission aux *Juifs*, non-seulement d'acheter et de prendre à bail des terres, mais encore de professer toutes sortes d'arts et métiers. Tous ceux qui acheteront ou prendront des terres à bail auront pareillement la permission de recevoir à leur service, dans les trois premieres années, des travailleurs *Chrétiens*, afin que pendant ce temps ils puissent recevoir d'eux des instructions nécessaires pour la culture. Nous voulons que les *Juifs* qui professeront des arts ou métiers ne soient, en aucune maniere, arrêtés ni troublés dans leur travail, ni dans l'exercice

Les raisons que je viens d'exposer me paraissent devoir établir l'évidence des questions intéressantes de mon discours, et je suis persuadé que les individus des sociétés politiques qui liront cet ouvrage seront convaincus de ces vérités essentielles, que la liberté civile fait le bonheur des nations, que les trônes de l'affreux despotisme fondés sur des sables mouvans ne sont environnés que de précipices, et que les hommes ne sauraient, sans se rendre coupables d'un crime, attenter à la liberté de leurs semblables.

Prince illustre, qui tiens le sceptre de l'empire des lys, daigne recevoir le tribut de mes éloges. Pouvais-je terminer mon discours sur la liberté, sans parler du monarque célèbre qui a eu la gloire d'affranchir une partie du globe des fers de la tyrannie !

---

d'aucune profession formant un corps ou communauté, pourvu qu'ils contribuent, comme les *Chrétiens*, aux dépenses de la communauté ; nous voulons au surplus qu'on leur laisse la liberté la plus étendue d'exercer leur profession, comme bon leur semblera, tant parmi les *Chrétiens* que parmi les *Juifs*, et d'exposer en vente le fruit de leur travail aussi bien dans leurs maisons particulieres que dans les marchés publics ».

C'est toujours avec un sentiment d'admiration et d'allégresse que je rappelle le souvenir de la révolution heureuse que produisit
ton avénement au trône. La *France* se trouvait dans un état funeste d'humiliation et de
langueur ; le commerce expirait dans ses
ports ; l'industrie et les arts n'avaient plus la
même activité ; on ne voyait plus comme
autrefois nos flottes s'avancer majestueuse-
ment dans les plaines de l'Océan : mais tu
parais , et la *France* semble renaître. Une
noble émulation regne de toutes parts ; la
nation reçoit une nouvelle énergie ; de nombreux vaisseaux s'élevent dans nos ports : tu
brises le trident redoutable de l'altiere *Albion*. Encouragée par le génie de la *France*,
l'*Amérique* déploie l'étendard de la liberté ;
elle s'affranchit des chaînes pesantes dont on
voulait l'accabler. Nos drapeaux voltigent
sur les remparts de *Pondichéry* ; la ville de
Dunkerque , délivrée enfin de ses entraves
humiliantes , éleve un front rayonnant d'espérance ; et l'industrie active et courageuse,
excitée par l'ardeur qui t'enflamme , arrête
près des murs de *Cherbourg* la fureur de l'O-
céan par des barrieres plus fortes que la digue
fameuse de *Tyr*, et forme de ses mains puis-

santes un port immense superbe et propre
à repousser les élans d'une rivale auda-
cieuse. Tel est, prince célèbre, le tableau
qui nous est présenté par les premieres années de ton regne. La postérité dira peut-
être que tu as éprouvé le sort ordinaire des
rois ; elle dira que des courtisans insidieux
et flatteurs ont quelquefois empêché l'auguste vérité de parvenir jusqu'à ton trône ;
elle dira . . . mais je dois m'arrêter. . . . La
postérité, ce juge si équitable, ne pourra te
refuser les titres de *roi bienfaisant, généreux, ami du peuple* (29). Illustre chef de
la plus belle monarchie du monde, nous
pouvons espérer que les *Français* verront
bientôt tous leurs vœux accomplis (30). Sous
l'influence d'une administration stable, prudente, éclairée, l'amour de la patrie portera
dans le cœur de tous les citoyens une force
inconnue ; l'utile laboureur, allégé du fardeau des impôts, s'occupera des travaux rus-
tiques, en chantant les louanges de son souverain. La *France* goûtera tous les avantages
d'une sage tolérance ; la constitution sera
établie sur des fondemens solides (31). *Tous
les citoyens, coulant des jours tranquilles
sous l'égide sacrée de la liberté, jouiront*

des droits imprescriptibles d'un état social bien ordonné (m) , et les cent voix de la renommée feront retentir les deux pôles du monde du nom chéri de *Louis XVI.*

En composant cet ouvrage , j'ai consulté la nature ; exempt de crainte et d'espérance, j'ai parlé d'après mon cœur, et ce cœur ami de la sagesse ne me reproche rien. J'ai soutenu les intérêts des peuples avec une fermeté décente, et je n'ai parlé qu'avec le plus grand respect des princes dignes de commander à des êtres pensans (32). Si cependant quelqu'ame servile trouvait que je me suis exprimé avec trop de hardiesse , je l'abandonnerais au mépris de tous les hommes équitables et libres ; et si l'on me demandait de quelle autorité j'ose défendre les droits

----

(m) Sous le regne d'un prince surnommé *le restaurateur de la liberté française* , entendrons-nous parler désormais des lettres-de-cachet ? Verrons-nous jamais reparaître ces lettres désastreuses , qui, semblables à la foudre , ont souvent porté dans le sein des familles la désolation , la terreur et l'effroi ?... Non, sans doute ; c'est aux *Neron,* aux *Christiern* , aux *Charles IX* que l'enfer conseille l'usage des poisons , des poignards et des lettres-de-cachet.

F 4

de l'espece humaine, je répondrais, en terminant mon discours comme je l'ai com-
mencé, par ces paroles célebres :

Homo sum, nil humani à me alienum puto.

F I N.

NOTES

DE LA PREMIERE PARTIE.

PAGE 17.

Durant sa liberté Rome fut vertueuse.

(1) LES citoyens de *Rome*, dans le temps que cette ville était le siege de la liberté, se sont illustrés par un nombre étonnant de faits héroïques. Je me contenterai de citer celui-ci : *Scipion l'Africain* gagna l'amitié des *Celtibériens* par un trait à jamais louable de continence et de générosité. Une belle et jeune fille devint sa captive ; il la vit à ses pieds, et fut plus touché de ses malheurs que de ses attraits. Ayant appris qu'elle était fiancée à un prince nommé *Allucius*, il la remit entre les mains de son pere et de son amant, lui donna, en augmentation de sa dot, tout l'or qu'on lui avait apporté pour

sa rançon, et se conduisit dans cette occasion avec une modestie d'autant plus admirable, que sa jeunesse et ses victoires semblaient, en quelque sorte, l'engager à profiter de son bonheur.

PAGE 21.

Il voit du même œil la bonne et mauvaise fortune.

(2) *Schah-Abbas*, célebre *sophi de Perse*, étant allé prendre le divertissement de la chasse, s'écarta de ses gens, et descendit dans un vallon où il rencontra un jeune berger d'une figure si intéressante, qu'il ne put s'empêcher de le considérer un instant, et de lui faire quelques questions. Ayant trouvé la plus grande justesse dans ses réponses, il résolut aussi-tôt de l'amener avec lui. *Mahamet-Ali-Beg* (c'était le nom du berger) parut donc à la cour, et s'y fit distinguer par une élévation d'esprit et une pénétration extraordinaires, de maniere qu'il se concilia bientôt l'estime du roi et de ses courtisans. On le fit passer par tous les grades les plus éminens, où sa franchise et son

amour pour la justice furent toujours à l'é-
preuve de la séduction. Envoyé vers le
grand-mogol, ce prince fut enchanté de sa
négociation et de son esprit ; enfin quelques années après il fut fait *grand-visir*.
Mahamet peu ébloui de cette dignité se
livra tout entier aux soins de son minis-
tère ; mais sa fidélité et sa bonne foi qui
auraient dû lui captiver tous les cœurs ,
excitèrent contre lui la jalousie des grands.
Il fut accusé de ruiner l'empire par des
concussions secrettes , pour accumuler ses
propres trésors. Le roi n'en crut rien d'a-
bord ; mais se trouvant assiégé par des flatteurs qui lui rappellaient souvent les mêmes soupçons, il se détermina à lui faire
une visite imprévue. Il entra dans ses ap-
partémens où tout lui parut fort simple ,
et il allait se retirer, lorsqu'on lui fit observer une porte à trois serrures. *Schah-
Abbas* ordonna qu'elle fût ouverte. Son ministre le supplia de révoquer cet ordre ;
mais cette prière, cette résistance ayant aug-
menté la curiosité du prince, la porte fut
ouverte. Quelle est alors la surprise de tous
les spectateurs à la vue d'un réduit fort étroit
où il n'y avoit pour tout ornement qu'une

flûte, un sac et une houlette ! *Voilà mon trésor*, dit ce vertueux ministre ; *si votre majesté se lasse de mes services, je reprendrai sans regret ces marques anciennes de ma condition, et retournerai à mon premier état.* La cruelle envie fut confondue, et *Schah-Abbas*, ravi d'un si noble désintéressement, ne cessa de protéger jusqu'à la mort le fidele *Mahamet*.

L'homme sage et libre, semblable au vertueux *Ali-Beg*, peut passer sans regret du faîte des grandeurs à la médiocrité.

P A G E 28.

Citoyens qui parlez aux rois, c'est avec le même courage que vous devez leur présenter la vérité.

(3) Je vais citer encore quelques traits de cette fermeté héroïque. *Henri IV* ayant eu la faiblesse de faire une promesse de mariage à la *marquise de Verneuil, Sully*, à qui ce prince montra cette promesse écrite, eut le courage de la déchirer devant lui, et *Henri* la grandeur d'ame d'estimer davantage son ministre.

Une pauvre femme qui voulait avoir justice du meurtre de son fils, qu'on venait de commettre dans la province d'*Yrac* en *Perse*, s'adressa au prince *Tartare Mahmoud*, qui avait conquis la *Perse* et l'*Inde*. Comment voulez-vous, dit le sultan, que je punisse un crime dont les auteurs sont à plus de cinq cents lieues d'ici? *Pourquoi donc,* répondit la mere, *nous avez-vous conquis, ne pouvant nous gouverner?*

Le cardinal *Mazarin* ayant lu dans l'histoire de *France*, par *Mézerai,* que *Louis XI* fut mauvais fils, mauvais ami, mauvais pere et mauvais mari, dit à cet auteur : Vous traitez bien mal un de nos rois. *Monseigneur,* répondit Mézerai, *mieux qu'il n'a traité ses sujets. Comme écrivain je suis interprete de la vérité.*

Le vicomte d'*Arti* ayant reçu de la part du roi *Charles IX* l'ordre exécrable de massacrer les protestans, répondit en ces termes à ce prince sanguinaire : *Sire, j'ai communiqué les ordres de votre majesté à ses habitans et gens de guerre de la garnison ; j'y ai trouvé bons citoyens et braves soldats, mais pas un bourreau.*

Une femme peu fortunée possédait à *Jehra*

une petite piece de terre contiguë aux jardins spacieux du *calife Hakkam*. Ce prince,
qui voulait agrandir son palais , ordonna
qu'on proposât à cette femme de céder son
terrein : celle-ci rejetta la proposition, et
voulut conserver l'héritage de ses ancêtres.
L'intendant des jardins du *calife* s'empara
de la piece de terre qu'elle ne voulait pas
vendre. La femme, accablée de tristesse, se
rend à *Cordoue* pour réclamer la protection
de la justice. *Ibu-Bechir* en est le *cadi*. Le
texte de la loi est clairement en faveur de la
femme ; mais que peuvent les loix contre
celui qui les soumet à ses caprices ? Cependant *Ibu-Bechir* n'a pas perdu l'espoir de
secourir l'infortune. Il monte sur son âne,
porte avec lui un sac d'une grandeur énor-
me, et se présente dans cet état devant
Hakkam, qui pour lors respirait un air suave
et pur dans un pavillon construit sur le terrein de cette femme. L'arrivée du *cadi* et
le sac qu'il a sur l'épaule étonnent le prince.
Ibu-Bechir se prosterne devant *Hakkam*, et
lui demande la permission de remplir son
sac de la terre sur laquelle il se trouve. Le
calife y consent. Lorsque le sac est rempli,
le *cadi* supplie le prince de l'aider à placer

ce sac sur son âne. Cette demande surprend *Hakkam*. Ce sac est trop pesant, répond le *calife*. Prince, reprend alors *Ibu - Bechir* avec une noble hardiesse, si ce sac qui maintenant vous paraît si pesant, ne contient encore qu'une petite partie de la terre que vous avez injustement enlevée à une de vos sujettes, comment porterez-vous, au grand jour du jugement dernier, la terre entière que vous avez ravie? *Hakkam*, qui heureusement n'avait pas le naturel féroce comme presque tous les despotes, loin de punir le *cadi*, reconnut généreusement sa faute, et rendit à la femme le terrein dont il s'était emparé avec le bâtiment qu'il y avait fait construire.

Une femme de *Macédoine* qui avait un procès, voyant qu'elle ne pouvait pas facilement s'approcher du roi *Démétrius Policrates*, attendit ce prince sur son passage, et le supplia de l'écouter. Remettons, dit le roi, cette affaire à un autre temps ; je n'ai pas le loisir aujourd'hui. Cette femme irritée du délai, lui répondit avec beaucoup de fermeté : *Pourquoi donc, seigneur, portez-vous la couronne? Démétrius* étonné de son courage, s'arrêta, l'entendit, et la renvoya satisfaite.

P A G E 33.

Un bon roi se soumet aux loix de l'état comme un simple particulier.

(4) *Licinius Surenus* ayant été nommé colonel de la garde prétorienne de *Trajan*, ce prince lui dit en lui présentant une épée comme la marque de sa dignité : *Licinius, reçois cette épée, et emploie-la pour moi dans tout ce que j'ordonnerai de juste, et contre moi si je t'ordonne quelque chose d'injuste.*

Rien de plus sage encore qu'un édit de *Louis XII*, publié en 1499, par lequel il est ordonné qu'on suivra toujours la loi, malgré les ordres à ce contraires que l'importunité pourrait arracher au monarque.

Haroun-Al-Raschild, célebre *calife*, contemporain de *Charlemagne*, aussi brave que ce prince, et plus renommé peut-être par ses talens et son humanité, demandait un jour à *Bellouth* son frere quelques avis sur les moyens de gouverner avec sagesse. « Faites,

lui

lui dit *Bellouth*, que vos volontés soient conformes aux loix, et non les loix à vos volontés. Souvenez-vous que les hommes sans mérite sont ordinairement exigeans, importuns ; et les grands hommes réservés et modestes ; résistez donc aux demandes des uns, et prévenez celles des autres. N'accablez point vos peuples du fardeau des impôts ; ayez soin de graver dans votre mémoire les sages conseils du roi *Nouchirven le Juste* à son fils *Armouf*. Mon fils, lui disait ce monarque, aucun homme ne coulera des jours heureux dans ton empire, si tu ne penses qu'à tes plaisirs. Lorsque mollement couché sur des coussins tu seras sur le point de jouir des douceurs du sommeil, souviens-toi des êtres gémissans que l'oppression tient éveillés. Lorsqu'un repas splendide aura fixé tes regards, songe à ceux qui soupirent dans l'indigence : au moment où tu viendras t'égarer dans les allées riantes de ton *harem*, rappelle-toi qu'il est des malheureux que la tyrannie retient dans les chaînes ».

« Je n'ajouterai, dit *Bellouth*, qu'un mot à ce que je viens de vous dire : *honorez de votre faveur les hommes distingués dans les*

sciences et la vertu, et suivez la route qu'ils
vous indiquent, afin que le monarque soit
soumis aux loix, et non les loix au monarque ».

P A G E   33.

Sous le regne de ce sage monarque... le
faible innocent n'est jamais la victime du
riche.

(5) *Cang-hi*, fameux empereur de la *Chine*,
s'étant écarté de sa suite dans une partie de
chasse, apperçut un vieillard accablé de
tristesse, et qui pleurait amérement. Il lui
demanda le sujet de son affliction. Seigneur,
dit cet homme qui ne connaissait point l'empereur, je n'avais qu'un fils qui faisait toute
ma joie, et sur lequel je pouvais me reposer
du soin de ma famille : un *mandarin Tartare* vient de l'arracher de mes bras : me
voilà dépourvu de mon soutien, me voilà
privé de toute espérance ; car comment un
homme abattu sous le poids des années et
des chagrins pourrait-il obtenir justice d'un
homme riche et puissant ? Cela n'est pas si

(99)

difficile que vous le croyez , répondit l'empereur. Montez en croupe derriere moi, et
nous irons ensemble à la maison de ce ravisseur. Le vieillard y consentit avec plaisir, et
dans deux heures de marche ils parvinrent chez le *mandarin*. Une foule de seigneurs
et les gardes du monarque, après avoir couru pendant long-temps, se rendirent aussi dans
le même endroit pour accompagner le prince.
Cang-hi ayant convaincu le *mandarin* de sa violence, le condamna à perdre la tête ,
ce qui fut exécuté sur le champ. Se retournant ensuite vers le pere du jeune homme ,
il lui dit : Je vous donne la place du coupable qui vient de mourir. Profitez d'un pareil exemple pour gouverner selon l'équité
la plus exacte. Si vos connaissances ne vous permettent pas de garder cet emploi, faites-
m'en l'aveu sincere , afin que j'y pourvoie ; si vous vous croyez capable de l'occuper, et
qu'ensuite vous vous en rendiez indigne par des malversations , vous devez vous attendre au même traitement que ce méchant
vient de subir.

Amurat II avait fat bâtir un palais dont les avenues se trouvaient déparées par la

perspective voisine d'une pauvre masure ;
l'habitation et l'héritage d'une vieille femme
qui en faisait ses délices. Ce petit bien avait
appartenu à ses ancêtres depuis un temps
immémorial , et s'était toujours conservé
dans sa famille. On conseillait au sultan de
faire renverser cette masure. *Je n'en ferai
rien ,* répondit il ; *si ce palais est un monu-
ment de ma magnificence , cette bicoque en
sera un de ma modération.*

Philippe, roi de *Macédoine ,* étant excité
par ses courtisans à tirer vengeance d'un
homme de mérite qui avait parlé de lui d'une
maniere indiscrette : il faut que je connaisse
auparavant, dit le roi, s'il n'a pas eu raison
de s'exprimer ainsi ; et ayant été instruit que
cet homme n'avait jamais reçu de lui aucune récompense , quoiqu'il l'eût méritée,
il lui envoya un riche présent. Quelques
jours après, il sut que cet homme ne parlait
du roi *Philippe* qu'avec de grands éloges.
Voyez-vous , dit ce prince, *comme je trouve
des moyens infaillibles pour imposer silence
aux médisans ?*

P A G E 34.

Ce prince consulte souvent des vieillards vertueux et d'une expérience consommée.

(6) *Schah-Abbas*, roi de *Perse*, mécontent de son *visir*, dit à ce ministre de céder sa place à un autre ; mais rappellant ensuite le souvenir des services essentiels que le *visir* disgracié lui avait rendus autrefois, il lui permit de choisir dans son empire la ville qui lui paraîtrait la plus convenable pour sa retraite, afin d'y jouir paisiblement dans le sein de sa famille des bienfaits qu'il avait reçus lorsqu'il était en faveur. Le ministre répondit à ce prince : Les richesses dont votre majesté m'a honoré me deviennent inutiles ; je la supplie de les reprendre, et si elle me fait la grace de conserver quelque bonté pour moi, je ne lui demande pas de m'accorder pour asyle un endroit qui soit habité, mais seulement quelque hameau désert que je puisse repeupler et rétablir avec mes amis par mon travail, mes soins et mon industrie. *Schah-Abbas* ordonna qu'on cher-

chât de toutes parts dans son empire l'endroit qu'il desirait; mais il ne fut pas possible d'en trouver un seul. Je savais bien,
sire, dit alors le visir, que la retraite telle
que je l'avais demandée ne se trouverait
point dans les provinces confiées pendant
long-temps à mon administration ; je suis
très-satisfait que votre majesté soit parfaitement instruite de l'état où je les laisse, et
je desire que mes successeurs imitent mon
exemple.

Heureux les rois qui savent choisir pour
ministres des hommes semblables à ce vertueux visir !

P A G E 34.

*Quels transports ne doit-il pas éprouver en
entendant sans cesse autour de lui l'éloge
sincere qu'on fait de ses vertus !*

(7) *Henri IV* passant par *Reims* fut ha-
rangué en ces termes par le lieutenant de
cette ville : Sire, nous apportons à vos pieds
notre vin, nos poires et notre cœur ; c'est
tout ce que nous avons de bon à vous offrir.
Henri le frappa doucement sur l'épaule, en

disant d'un air de franchise et de bonté :
*Voilà comme j'aime les harangues : eh bien,
je vous donne mon cœur en échange des
vôtres, je mangerai de vos poires et je boi-
rai de votre vin ; mais vous viendrez me
tenir compagnie.* En effet, il fit l'honneur à
ce magistrat de l'admettre à sa table.

Les despotes ont-ils la moindre idée de
ces scenes intéressantes ?

P A G E 34.

*L'agriculteur paisible, qui ne craint pas de
pendre le fruit de son travail, tire de la
terre tout ce qu'elle peut produire.*

(8) *Hong-You*, empereur de la *Chine*,
visitant ses provinces accompagné de son
fils aîné, s'arrêta un jour au milieu d'un
champ où des laboureurs conduisaient la
charrue, et se tournant vers ce jeune prince :
Voyez-vous, lui dit-il, *comme ces pauvres
gens arrosent de leurs sueurs la terre qu'ils
cultivent? Apprenez à ménager des hommes
si nécessaires à l'état, et malheur à vous,
si vous les chargez d'impôts, quand vous
serez sur le trône.*

G 4

Auguste Ier, roi de *Pologne*, passant près de *Gornitz*, une de ses villes frontieres, ses postillons, pour éviter un mauvais chemin, entrerent dans le champ labouré d'un paysan qui, les ayant apperçus, saisit les rênes des chevaux, et menaça de briser les roues du carrosse avec une forte hache dont il était armé, si l'équipage ne prenait la route ordinaire. Deux pages qui suivaient la voiture voulaient repousser le paysan, et les postillons allaient continuer leur marche, lorsque le roi mettant la tête à la portiere, et considérant le sujet de la querelle, ordonna à ses gens de revenir dans le grand chemin, et fit donner au laboureur quelques pieces d'argent pour le dédommager de la perte qu'il venait de faire, ajoutant : *Que ce pauvre homme avait raison de défendre son bien, et qu'un roi n'était pas plus en droit que le moindre particulier de disposer de la propriété de ses sujets.*

Un gentilhomme de la suite de *Louis XII* avait maltraité un homme de la campagne. Le roi ordonna qu'on ne lui présentât à table que du vin et de la viande. L'officier se plaignit. Vous avez tort d'être mécontent, lui dit le prince; rien ne vous manque sans doute. —Pardonnez-moi, sire, on ne me donne pas de pain. *C'est*, répondit le roi, *parce que vous êtes assez injuste pour maltraiter ceux qui nous le procurent.*

NOTES

DE LA SECONDE PARTIE.

PAGE 37.

La belle Irene , maitresse favorite de Mahomet II.

(9) *IRENE* , jeune *Grecque* d'une illustre naissance , ayant été présentée à *Mahomet II* , ce prince devint si épris de ses charmes , qu'il négligea pour elle les soins de l'empire , ce qui excita les murmures d'une partie de son armée. *Mustapha* son visir , ne consultant que sa fidélité , osa lui faire ouvertement des reproches. L'empereur , après quelques momens de silence , ordonna au visir de faire assembler le lendemain les principaux *Pachas* de l'empire. Le sultan ayant fait venir alors la belle *Irene* , magnifiquement parée , demanda à

la foule des courtisans qui l'environnaient, s'ils avoient jamais vu un objet plus accompli. Tous s'empresserent de prodiguer leurs éloges à cette beauté charmante., et féliciterent le prince. sur son bonheur. Alors *Mahomet* saisissant d'une main la jeune Grecque par les cheveux , et de l'autre élevant un large cimeterre, d'un seul coup il en fit tomber la tête à ses pieds, et se tournant ensuite avec des yeux étincelans vers les grands de la porte : apprenez , leur dit-il , que ce fer sait couper les liens de l'amour, quand je le crois nécessaire.

P A G E 40.

Mais je ne sais pas si je pourrais impunément te découvrir ma pensée.

(10) Ces paroles d'un courtisan à son maître me rappellent le souvenir de l'anecdote suivante : *Louis* XIV s'amusait quelquefois à faire des vers ; ce prince ayant composé un madrigal , que lui-même ne trouvait pas trop bon, il le présenta à M. de *Grammont*, en disant : Monsieur le maréchal, lisez , je vous prie , ce petit madrigal , et voyez si

ce n'est point là le comble du ridicule ;
parce qu'on sait que je lis les vers avec
quelque plaisir , on m'en apporte de toutes
les façons. Le maréchal, après l'avoir exa-
miné , dit au roi : sire , votre majesté juge
parfaitement de toutes choses ; il est vrai
que c'est le plus sot madrigal qu'il soit possible de voir. Le roi se mit à rire , et dit
au maréchal : n'est-il pas vrai que celui
qui l'a composé est un homme bien fat ?
— Sire , il n'y a pas moyen de lui donner
un autre nom. Eh bien , ajouta le roi , je
suis charmé que vous m'ayez parlé avec
tant de franchise ; c'est moi-même qui en
suis l'auteur. — Ah ! sire , que votre majesté me le rende , je l'ai lu avec trop de
précipitation. — Non , Monsieur le maréchal , je sais que le premier sentiment est
toujours le meilleur.

Si le courtisan avait su d'abord que le
roi était l'auteur de ces vers , il aurait dit
peut-être *qu'ils étaient dignes d'Apollon*.

P A G E 42.

Voilà le despotisme.

(11) Le sage qui a pris naissance dans les

lieux où regne ce pouvoir dévastateur doit avoir pour les *beys*, les *pachas*, les *visirs* la même horreur qu'avaient les *Français* pour *Bullion*, qui, au moment où *Louis XIII* gémissait sur les malheurs de son peuple, dit à ce prince ces paroles atroces : *sachez que vos sujets sont encore assez heureux de n'être pas réduits à brouter l'herbe.*

Amis de la liberté, parcourez les faits que je vous présente, et frémissez des suites désastreuses de la puissance arbitraire.

L'empereur *Amurat IV* est instruit qu'un de ses pages vient de manger un melon pris dans les jardins de son serrail ; aussitôt il ordonne qu'on fasse paraître devant lui tous les pages de sa cour ; et pour connaître le coupable, il fait ouvrir les entrailles à quatorze de ces jeunes gens. Le melon se trouva dans l'estomac de ce dernier, heureusement pour les autres, auxquels il aurait également fait fendre le ventre.

Chan-Hien-Chong, tyran de la *Chine*, fit jetter dans un fleuve tous les habitans d'une ville, pour avoir le plaisir de les

voir expirer dans les flots , ou sous les coups
de lance de ses gardes qui bordaient le
rivage. Ses soldats, qui étaient autant de
brigands, traînaient avec eux de belles esclaves qu'ils avaient prises dans le massa-
cre des villes. Le tyran leur dit qu'un si
grand cortege affamerait l'armée ; et pour
leur montrer le parti qu'ils devaient prendre , il fit sauter la tête à 292 de ses cour-
tisannes. Tous en firent autant dans une vaste prairie qui ressemblait à une mer de
sang.

L'ambassadeur d'un prince étranger qui
s'était présenté devant le czar *Jean Basilowitz II*, ayant oublié de lever son cha-
peau , le tyran en fut si irrité qu'il le lui
fit clouer sur la tête.

Ce czar *Basilowitz* joignait quelquefois
la plaisanterie à la méchanceté. Après avoir
dépouillé l'archevêque de *Novogorod* de
tout ce qu'il possedait , il dit à ce prêtre :
comme il ne te reste plus de bien , tu n'as
autre chose à faire qu'à quitter ton habit
qui maintenant devient inutile. L'on va te donner une musette et un ours que tu feras danser
pour de l'argent ; je veux aussi que tu
prennes une femme , que tes ecclésiastiques

soient de la noce, et que chacun d'eux te fasse un présent. En effet, il n'y en eut pas un seul qui n'apportât ce qu'il avait de plus précieux, croyant que le pauvre archevêque, qu'ils aimaient, en profiterait; mais le czar s'empara des présens; et ayant fait amener une vieille cavale, il dit au prélat : voilà ta femme, tu peux t'en servir pour aller à *Moscou*, où je te ferai recevoir au nombre des musiciens, afin que tu apprennes à bien faire danser l'ours. L'archevêque fut contraint d'obéir; on lui lia les jambes sous le ventre de la jument; on suspendit à son cou des instrumens de musique, et il fut obligé de jouer de la musette en allant à *Moscou*.

Des *Anglais* qui se trouvaient à la cour de *Basilowitz*, ayant eu l'imprudence de rire des caprices de ce prince, celui-ci leur ordonna de se mettre tout nuds en sa présence; et dans cet état, il les contraignit de ramasser un à un plusieurs litrons de pois qu'il avait fait répandre dans son appartement. Après les avoir bien fatigués par ce ridicule exercice, il leur fit donner à boire, et les renvoya, en les avertissant d'être plus sages à l'avenir.

P A G E 44.

L'orgueil insensé des despotes doit être bien insupportable pour tout homme qui connaît la dignité de son être.

(12) Lorsque le roi du *Pégu* écrit à quelque prince, il prend les titres ridicules de roi des rois, d'ami et de parent de tous les dieux du ciel et de la terre, de frere du soleil, de proche parent de la lune, de maître absolu du flux et du reflux de la mer, etc. Ce prince réside à *Ava* dans un palais bâti à l'orientale avec beaucoup de magnificence. Ses sujets se prosternent non-seulement devant lui, mais devant tout ce qui sert à son usage. Lorsque ce prince a dîné, il ordonne à ses officiers de sonner la trompette, pour annoncer à tous les rois de l'univers que l'empereur du *Pégu* leur permet de se mettre à table.

La plupart des despotes sont aussi orgueilleux, aussi ridicules que ce pauvre roi du *Pégu*.

PAGE 47.

*Enfermé dès son enfance dans un quartier
retiré du serrail.*

(13) Les jardiniers, les pêcheurs, et autres
ouvriers employés à l'entretien des jardins
du serrail de *Constantinople* sont obligés
d'en sortir, dès qu'ils entendent une clo-
che qui les avertit que sa hautesse va se
promener avec ses femmes ; et ils seraient
punis de mort, s'ils avaient l'audace d'y
rester. Un sultan fit perdre la vie à un jar-
dinier, pour avoir été trouvé endormi sous
un arbre, quoiqu'il n'eût pas entendu le
signal qui lui ordonnait de s'enfuir. Un
interprete de *Venise* était logé à *Constantinople* dans une maison d'où l'on pouvait
considérer les jardins du serrail. Cet homme
eut la curiosité d'observer le grand seigneur
et les sultanes avec une lunette à longue
vue qu'il avait fait passer par un trou du
volet de sa croisée. L'empereur s'en étant
apperçu, ordonna qu'on allât pendre
sur le champ à la même fenêtre ce témé-
raire tel qu'il fût, et ne quitta point sa

H

place qu'il n'eût été témoin de la mort du coupable. Ces lieux sont redoutables pour les *Musulmans* eux-mêmes. On n'ose en approcher qu'avec le saisissement que fait naître dans tous les cœurs un maître impérieux et cruel qui se plaît à voir tous ses sujets s'humilier, se prosterner, s'anéantir en sa présence.

P A G E 48.

Que les despotes connaissent peu leurs intérêts lorsqu'ils appesantissent un joug de fer sur des individus dont ils devraient faire le bonheur! leurs gardes, leurs janissaires sont-ils un solide rempart contre les entreprises de leurs nombreux ennemis ?

(14) Lorsque sous le regne de *Marie-Thérese d'Autriche*, *Vienne* était sur le point d'être assiégée par l'électeur de *Baviere*, cette princesse assembla les quatre ordres de l'état à *Presbourg* ; elle parut tenant entre ses bras son fils aîné presque encore au berceau ; et parlant en latin, langue dans laquelle elle s'exprimait avec beaucoup de

facilité , elle dit ces paroles aux représentans de la nation : abandonnée de mes amis , persécutée par mes ennemis , attaquée par mes plus proches parens , je n'ai de ressource que dans votre fidélité , votre courage et ma constance. Je mets en vos mains la fille et le fils de vos rois qui attendent de vous leur salut. A ces paroles les *Hongrais* attendris , et dans le plus grand enthousiasme , mettent le sabre à la main , en s'écriant en la même langue : *mourons pour notre reine Marie-Thérese*. Tous ces braves citoyens versaient des larmes , en jurant de défendre leur reine.

Si *Marie-Thérese* n'avait parlé qu'à des esclaves , aurait-elle pu trouver en eux des défenseurs si courageux et si fideles?

P A G E 5o.

Les esclaves armés de l'empereur Ottoman, du grand Mogol , ou du Sophi de Perse, sont-ils capables de ces actions sublimes ?

(15) Au siege de la *Rochelle, de Vins,* grand écuyer du duc *d'Anjou,* se jetta au-

devant d'un coup d'arquebuse qu'un soldat visait à ce prince, et reçut la balle au travers du corps.

M. *de Saint-Germain* veut introduire parmi les troupes *françaises* la coutume de punir par des coups de plat de sabre les soldats coupables de certaines fautes. On témoigne dans tous les régimens la plus grande répugnance pour le réglement nouveau. Durant ce mécontentement général, un soldat reçoit l'ordre de donner à un de ses camarades vingt coups de plat de sabre : celui-ci s'y refuse ; on le presse, il persiste dans son obstination. On lui annonce qu'il sera condamné lui-même à un châtiment semblable. Pour lors, il dit à ceux qui l'environnent : *Je vais donner dix-neuf coups à mon camarade, et le vingtieme sera pour moi.* Il donne effectivement les dix-neuf coups, et s'ouvre ensuite le ventre.

On vit à *Senef* le maréchal *de Villars*, dans la plus grande chaleur du combat, soutenir lui seul les puissans efforts d'un bataillon ennemi ; on le vit ce héros intrépide bravant ses nombreux adversaires, malgré les blessures dont il était couvert, et s'obstinant à vouloir verser tout son sang plutôt que d'abandonner son poste,

Durant le siege de *Brumstown-Hill* dans l'île de *Saint-Christophe*, *Claude Thion*, soldat du régiment de *Touraine*, âgé de dix-sept ans, était un des travailleurs. Il fut chargé de transporter des bombes à la batterie. Ces masses pesantes suspendues par leur anneau à un gros bâton, sont ordinairement portées par deux soldats qui se placent chacun à l'une des extrémités du bâton. Pendant le trajet de *Thion* du dépôt des bombes à la batterie, un boulet de canon qu'on vient de tirer de la place fracasse le bras droit du jeune homme, de manicre qu'il ne tenait plus que par un nerf. Pour lors *Thion* pose la bombe, emprunte le couteau de son camarade, acheve de couper son bras, et se sépare ainsi d'une partie de lui-même. Après cette opération, ce brave jeune homme recharge sa bombe sur l'épaule gauche, continue paisiblement son chemin, et dépose la bombe à la batterie, avant d'aller se faire panser.

Un roi de *France* frappe un de ses officiers dont il est mécontent. Le militaire se croyant avili, saisit un pistolet, le présente au roi, et lui dit d'un air d'assurance et de fierté : *Sire, puisque vous m'avez ôté l'honneur, arrachez-moi la vie.*

Le roi embrassa l'officier, et lui rendit son estime.

Au siege de *Maëstricht* en 1673, un officier du régiment de *Picardie* étant tombé dans le temps qu'il montait à l'attaque de la demi-lune, un soldat lui tendit la main pour le relever ; et celui-ci ayant reçu dans cet instant un coup de fusil qui lui perça le poignet, il présenta l'autre main à l'officier sans faire paraître la moindre émotion.

Je suis rempli d'admiration pour cette action sublime, parce qu'elle suppose autant d'humanité que de courage.

Constance de Cezeli, épouse du gouverneur de *Leucate*, sous le regne de *Henri IV*, se rendit immortelle par une intrépidité extraordinaire dans son sexe. Les *Espagnols* ayant pris son mari, qui allait communiquer un projet au duc *de Montmorenci*, commandant en *Languedoc*, ils s'avancerent aussitôt vers *Leucate*, persuadés qu'ayant le gouverneur en leur pouvoir, cette place ne ferait aucune résistance. *Constance* assembla les habitans et les soldats de la garnison ; et

(119)

après les avoir exhortés à remplir leurs devoirs envers le prince et la patrie, elle se
mit à leur tête, et repoussa les *Espagnols*
par-tout où ils se présenterent. Ceux-ci accablés de honte, et désespérés de leur mauvais
succès, annoncerent à cette héroïne qu'ils
feraient mourir son mari, si elle persistait
à se défendre. *Constance* fut attendrie, sans
être ébranlée. *J'ai des richesses considéra-*
bles, répondit-elle les yeux remplis de larmes ; *je les ai offertes, et je les offre encore*
pour la rançon de mon époux ; mais je ne
racheterai point par une lâcheté une vie
dont il aurait honte de jouir.

Le prince *de Condé*, commandant en
Flandre l'armée *espagnole*, et faisant le
siege d'une place *française*, il arriva qu'un
soldat maltraité par un officier général, pour
quelques paroles peu respectueuses, menaça
celui qui l'avait puni *de l'en faire repentir.*
Quinze jours après, ce même officier général chargea le colonel de tranchée de trouver dans son régiment un homme ferme et
intrépide, dont on avait besoin pour un coup
de main qui paraissait nécessaire, et promit
cent pistoles de récompense. Le soldat dont
nous avons parlé, qui passait pour très-

brave, se présenta le premier ; et ayant ame-
né avec lui trente de ses camarades qu'on
lui avait dit de choisir, il exécuta son en-
treprise, qui était des plus périlleuses, avec
un courage et un bonheur incroyables. A
son retour, l'officier général, après l'avoir
comblé d'éloges, lui fit remettre la somme
promise ; mais le soldat la distribua aussi-
tôt à ses camarades, disant : *qu'il ne servait
point pour de l'argent, mais pour l'honneur.*
Au reste, ajouta-t-il au général qui ne le
reconnaissait point, je suis ce soldat que
vous avez traité si durement, il y a quinze
jours. . . Je vous avais bien dit *que je vous
en ferais repentir*. . . . Le général, pénétré
d'admiration, l'embrassa, lui fit des excu-
ses, et le nomma officier le même jour.

Le grand *Condé* racontait souvent cette
anecdote avec beaucoup d'enthousiasme.

Le fait que je vais rapporter suppose beaucoup de témérité, sans doute ; mais il annonce
aussi une force d'ame, une énergie extraordinaire. Sur la côte de l'*Inde*, un vaisseau
commandé par le fameux *Jean Bart* était
en rade non loin de quelques navires *anglais*. Les officiers *bretons* prient les officiers *français* de venir dîner à leur bord.

Ceux - ci acceptent l'invitation qu'on leur fait, et sont accueillis avec beaucoup d'égards et de civilité. Le repas fut splendide ; tout excitait la joie des convives. Le capitaine *anglais*, qui voulait surprendre *Jean Bart*, avait ordonné de charger fortement tous les canons de bas-bord et de stribord. Vers le milieu du dessert, ce capitaine fait un signe, et dans l'instant on met le feu à toutes les batteries. L'explosion fut effrayante. Cette détonnation terrible et inattendue fit faire à *Jean Bart* un petit mouvement de surprise, dont tous les hommes sont susceptibles dans des occasions semblables. Le capitaine *anglais* dit à *Jean Bart*, d'un ton un peu railleur : *Vous avez tremblé, Monsieur Bart?* — Cela est vrai. ... je ne m'attendais pas à ce tapage. Le capitaine *Jean Bart* sentit toute la malice de l'*Anglais*, et résolut de lui faire connaître qu'il n'avait pas toujours peur. Le lendemain il invite à son bord les officiers *bretons*. Rien ne manquait à la fête ; on passa son temps délicieusement. Après le repas, *Jean Bart* fait apporter des pipes, selon la coutume des marins ; on en distribue aux officiers *anglais*.

On voit paraître ensuite sur la table un grand baril de poudre. *Jean Bart* place un flambeau au milieu du baril , et d'une main ferme et sûre allume sa pipe à la lumiere de ce flambeau, en disant : faites comme moi, Messieurs les *Anglais* ; mais ces Messieurs ne furent pas d'humeur d'allumer leur pipe ; et *Jean Bart* dit au capitaine *anglais*, qui frissonnait de tous ses membres : *Vous tremblez , Monsieur le capitaine ?* . . .

Les annales de *France* pourraient me fournir un nombre étonnant de traits semblables ; mais il faut que ma plume passe à d'autres objets.

P A G E 50.

La loi n'est rien lorsqu'elle n'est pas également respectée du monarque et de ses sujets.

(16) *Schah-Abbas*, roi de *Perse*, surnommé *le grand*, ayant campé dans une vaste plaine, un officier de son armée entra par force dans l'habitation d'un homme de la campagne ; et trouvant sa femme à son goût,

il chassa le paysan de sa maison pour lui faire avec plus d'aisance l'outrage le plus sensible. Le lendemain, le pauvre laboureur alla se jetter aux pieds du roi pour lui faire ses plaintes, et pour réclamer sa protection et sa justice. Comme il ne lui fut pas possible de désigner le coupable, le monarque lui dit de venir l'avertir dès que cet insolent se présenterait de nouveau chez lui. Trois jours après l'officier reparut, et le fit sortir encore pour abuser de son épouse. Le paysan accourt aussi-tôt à la tente impériale, et renouvelle ses plaintes. Le sultan se leve, se fait accompagner de sa garde, et s'avance du côté de la cabane environ vers minuit. Ceux qui environnaient le prince portaient des torches allumées ; mais il leur ordonne de les éteindre, d'entrer promptement, de saisir le coupable et de le poignarder. On exécute l'ordre avec beaucoup de célérité. Le cadavre est ensuite tiré de la chaumiere, et placé aux pieds du monarque, qui, ayant fait rallumer les torches, le considéra très-attentivement ; puis se livrant aux transports de la plus vive allégresse, ce prince leva ses mains vers le ciel, en adressant des prieres ferventes à l'Être suprême. Quelques momens après, son *visir* prit la liberté de lui demander la raison d'une conduite si mystérieuse, et le sultan lui dit ces paroles : Lorsque ce laboureur vint m'avertir de l'outrage qu'il avait reçu, je trouvai tant de témérité dans ce crime que je m'imaginai que mon fils seul pouvait en être l'auteur. Quel autre, me disais-je, oserait porter si loin l'espoir de l'impunité ? Je fis donc éteindre les flambeaux avant de prononcer l'arrêt de mort, craignant que des traits si chéris n'excitassent à contre-temps la tendresse paternelle ; les ayant ensuite fait rallumer, dès que j'ai reconnu que le coupable n'était pas mon fils, j'ai été pénétré d'un plaisir indicible, et j'ai remercié le ciel de m'avoir accordé la grace d'être juste, sans me souiller du sang d'une partie de moi-même.

L'illustre *Schah - Abbas* était convaincu de cette vérité importante, que les monarques doivent être soumis aux loix aussi bien que leurs sujets.

PAGE 51.

Le duc de Montausier, qui prévoyait les suites d'une réflexion semblable, ajouta avec sa sincérité ordinaire : Mais, sire, deux ou trois de ces sultans ont été étranglés de mes jours pour avoir outré la tyrannie d'un pareil gouvernement.

(17) La lettre suivante adressée à un prince royal par le duc *de Montausier*, nous fera connaître les grands sentimens de ce brave gentilhomme.

« Monseigneur, je ne vous fais pas de compliment sur la prise de *Philipsbourg ;* vous aviez une bonne armée, une excellente artillerie et *Vauban*. Je ne vous en fais pas non plus sur les preuves que vous avez données de bravoure et d'intrépidité : ce sont des vertus héréditaires dans votre maison ; mais je me réjouis avec vous de ce que vous êtes libéral, généreux, humain, faisant valoir les services d'autrui, et oubliant les vôtres. C'est sur quoi je vous fais mon compliment ».

Qu'il serait à souhaiter pour le bonheur

des nations que tous ceux qui approchent de la personne des rois eussent les mêmes principes que le duc *de Montausier!*

P A G E 54.

Denis, tyran de Syracuse, craignait telle-ment d'être poignardé, qu'il avait tou-jours une cuirasse sous ses vêtemens; ce prince ne haranguait jamais le peuple que du haut d'une tour.

(18) On rapporte que ce despote fit mou-rir son barbier, parce qu'il s'était vanté du privilege de porter tous les jours le rasoir à la gorge du tyran. Depuis ce temps, il se fit raser par ses filles. Tous les soirs, lorsqu'il se retirait avec ses femmes, il faisait visiter son appartement. L'endroit où il prenait son repas était environné d'un fossé profond avec un pont-levis ; ni son frere ni son fils n'entraient dans sa chambre, qu'après avoir changé d'habits, et avoir été fouillés par ses gardes.

Quelle existence !...

P A G E 54.

C'est donc une vérité incontestable, que le souverain qui se propose d'établir les fondemens du despotisme creuse un précipice pour sa postérité, et peut-être pour lui-même.

(19) *Damoclès*, un des courtisans de *Denis*, roi de *Syracuse*, parlait avec enthousiasme des richesses et de la félicité de ce prince, et celui-ci lui offrit sa place pour quelques jours ; ce que le courtisan accepta comme la marque de la plus haute estime. *Denis* le fit asseoir sur un lit d'or orné de tapis magnifiques. Les buffets étaient couverts de vases précieux : des esclaves d'une beauté parfaite observaient avec attention le moindre signe de ses volontés, et s'empressaient de remplir ses desirs. La table était sans cesse splendidement servie ; des parfums suaves se répandaient de toutes parts. *Damoclès* nageait dans un torrent de délices, quand il apperçoit tout-à-coup un glaive suspendu sur sa tête par un crin de cheval. Il pâlit, il frissonne, la sueur glacée de l'ef-

froi se répand sur tout son corps : il demande qu'on lui permette de quitter sa place ; il ne veut plus d'un bonheur que la crainte empoisonne.

Je ne connais point d'image plus frappante de la situation d'un despote.

PAGE 57.

Si tu es un roi, rends les hommes heureux.

(20) Le destin de la guerre, dit un *Indien* à *Tamerlan*, nous soumet à ton autorité. Es-tu marchand ? tu peux nous vendre. Es-tu boucher ? tu peux nous détruire. Es-tu monarque ? tu dois nous rendre heureux.

Lorsque ce prince tartare faisait le siege d'une ville, le premier jour il arborait sur sa tente un étendard blanc, pour annoncer que son intention était de traiter avec douceur tous ceux qui viendraient se rendre. Le lendemain, ce signal était de couleur rouge, pour faire connaître qu'on verserait du sang, et que le gouverneur, ainsi que les principaux officiers, seraient punis de mort. Enfin, le troisieme jour, on arborait un drapeau noir, qui était la marque effrayante

frayante de la destruction de la ville et du trépas des habitans.

Pendant le cours rapide de ses victoires, *Tamerlan* reçut des ambassadeurs *Grecs* chargés de lui demander des secours contre *Bajazet*, empereur *Ottoman*, qui formait le siege de *Constantinople*. *Tamerlan* le fit sommer de lever le siege; et dès qu'il apprit le refus du prince *Turc*, il marcha contre lui. Les deux armées se rencontrerent dans les plaines d'*Ancyre* en *Phrygie*. La bataille fut sanglante, et *Bajazet* eut le malheur d'être fait prisonnier. Le vainqueur, qui le considéra pendant quelque temps avec beaucoup d'attention, dit à ses soldats : Est-ce là ce *Bajazet* qui nous a insultés ? Oui, c'est moi, répondit le captif, et vous ne devez pas outrager ceux qu'un sort funeste vient d'humilier. *Tamerlan* ayant ensuite demandé à *Bajazet* de quelle maniere il l'aurait traité, si la fortune lui avait été propice? Je t'aurais enfermé, dit le fier *Musulman*, dans une cage de fer ; et aussi - tôt l'empereur *Tartare* fit subir à *Bajazet* la même punition. C'est dans cette cage qu'il le faisait nourrir des miettes qui tombaient de sa table. Toutes les fois que *Tamerlan*

se disposait à monter à cheval, il ordonnait
qu'on apportât cette cage, et posait le pied
dessus, en insultant son prisonnier. *Bajazet*
ne pouvant supporter la honte d'être porté
dans cet état, de province en province, à la
suite de son cruel vainqueur, se frappa si
rudement la tête contre les barreaux de sa
prison, qu'il se donna la mort. On dit que
le fougueux *Tamerlan*, peu touché de cette
fin tragique, obligea la sultane veuve à le
servir étant dépouillée jusqu'à la ceinture.

NOTES

DE LA TROISIEME PARTIE.

PAGE 59.

L'homme n'a point de faculté plus noble que la liberté.

(21) ALEXANDRE, roi de *Macédoine*, après la conquête de la *Perse*, envoya 100 talens à *Phocion*, général des *Athéniens*. Ce vertueux citoyen ayant demandé à ceux qui lui offraient ce présent, pourquoi leur prince avait résolu de faire à lui seul une si grande libéralité ; ils répondirent que cela provenait sans doute de ce qu'*Alexandre* ne connoissait point de citoyen d'*Athenes* aussi digne de son estime que le sage *Phocion*. Mais celui-ci refusa le présent et dit : puisque votre roi m'a reconnu honnête homme dans la médiocrité, pourquoi veut-il me tirer de cette situation heureuse ? Et en pres-

I 2

nonçant ces paroles , il était occupé à pui-
ser de l'eau , tandis que sa femme faisait du
pain : mais, ajouterent les députés, si vous
ne voulez pas vous-même vous servir de cet
argent , acceptez-le pour vos enfans , qui
peut-être en auront besoin dans la suite. Si
mes enfans sont sages, dit *Phocion* , le peu
que je leur laisserai pourra les satisfaire :
mais s'ils renoncent aux vertus que j'ai fait
en sorte de leur inspirer, je ne veux point
leur laisser des richesses qui ne servi-
raient qu'à favoriser leur libertinage. *L'u-
nique grace que je prends la liberté de demander à votre prince, c'est d'affranchir
de l'esclavage quelques Rhodiens détenus
dans les prisons de Sardes.*

Le sage *Phocion* connaissait tout le prix
de la liberté.

P A G E 60.

*Celui qui veut s'approprier la liberté de son
semblable se rend coupable du vol le
plus affreux ; il offense l'auteur de la
nature ; il avilit , il dégrade , il détruit,
autant qu'il est en lui , un être intelligent ; il commet un assassinat.*

(22) Pour donner plus de force à nos

preuves , nous croyons devoir faire part à nos lecteurs d'une ordonnance de l'empereur *Joseph II*, qui a été publiée dans le mois d'auguste 1785 , et qui concerne la suppression faite en *Hongrie* , de l'état de servitude appellé dans ce royaume *Jobbagyonal Stand* ; en voici la teneur :

Nous *Joseph II* , etc. faisons gracieusement savoir à tous ceux à qui il appartiendra, que depuis notre avénement à la régence nous avons employé tous nos soins paternels , et avons fait les plus grands efforts, pour établir sur une base solide et durable la prospérité des peuples qui nous sont soumis , sans aucune distinction de leur état , de leur nation ou de leur religion. En conséquence , comme nous avons la conviction intime que l'amélioration de l'agriculture, et l'encouragement de l'industrie sont les deux moyens les plus propres pour parvenir à ce but si desirable et si avantageux , et que ces moyens ne peuvent produire l'effet heureux qu'on en doit attendre , si la liberté personnelle des individus qui appartient de droit naturel et civil à tous les hommes n'est pas solidement et généralement établie ; et si la propriété entiere des biens qu'ils possedent selon les loix du pays, ne leur est pas irrévocablement assurée et confirmée ; à ces causes nous ordonnons gracieusement afin que personne ne puisse prétexter des raisons d'ignorance, et que tous ceux à qui il appartiendra aient à se conformer à notre volonté suprême, qu'il soit publié dans tous les endroits de notre dépendance du royaume de *Hongrie*, que nous avons supprimé et supprimons entiérement et à perpétuité par les présentes l'espece d'état de servitude, appellé en *Hongrie Jobbagyonal Stand* ; si cette condition oblige le vassal ou sujet à payer une redevance perpétuelle, et le force à rester sur son fonds. Nous ordonnons encore que le mot *Jobbagy* qui en *Hongrais* signifie sujet, ne puisse jamais être employé dans cette acception. Nous voulons et ordonnons au contraire que tous les sujets de ce royaume, sans aucune différence de nation ou de religion, soient regardés dans tous les lieux de notre dépendance comme absolument libres, *les déclarant tels en effet par les présentes*, considérant que le droit de nature et le bien public l'exigent :

d'où il suit que les procès connus sous le nom de *revindicandâ libertate* ne pourront plus avoir lieu.

Dorénavant tout sujet aura la liberté entière de se marier à sa volonté, et même sans le consentement de son seigneur : il lui sera permis aussi de se livrer à l'étude des sciences, d'apprendre toutes sortes d'arts et métiers, et d'en faire profession dans quelque endroit que ce soit. Aucun vassal, ni ses enfans, ni aucune personne appartenant à sa famille ne pourront être forcés d'entrer au service de leur seigneur ; mais il dépendra absolument de la volonté de chacun d'eux d'accepter ce service, et de s'accorder réciproquement avec son seigneur pour les gages annuels.

Tout vassal ou sujet aura le droit de vendre, d'engager, de donner, d'échanger selon sa volonté toutes ses propriétés immobiliaires et autres possessions acquises...

Nos comitats seront chargés de prêter toute l'assistance nécessaire aux sujets qui pourraient être opprimés, et de leur procurer la satisfaction qu'ils auraient le droit d'exiger après des injustices reçues. Nous espérons au reste que les vassaux ou sujets répondront de leur côté à nos intentions paternelles , et que par leur application assidue à la culture de leurs champs ils feront les plus grands efforts pour opérer le bien général , aussi bien que leur félicité et celle de leurs héritiers. Car tel est , etc.

De pareils édits devraient être inscrits dans les annales du monde en caracteres ineffaçables... J'allais célébrer *Joseph II* ; mais je viens de porter ma vue sur le *Brabant* ; et ma plume se refuse à tracer l'éloge de ce prince.

P A G E 61.

Vous ne pouvez trouver votre bonheur que dans celui des peuples que vous gouvernez.

(23) Sous le regne de *Tait-Song* , empereur de la *Chine* , les sauterelles ravagèrent une grande partie de l'empire. Ce prince , qui fut témoin du dégât qu'elles venaient de causer , dit en soupirant : *malheureux insectes , vous dévorez la substance de mon peuple : eh ! que ne dévorez-vous plutôt mes entrailles !*

Voici les avis que cet empereur vertueux crut devoir donner à son successeur :

« Sachez maîtriser les mouvemens de votre ame. N'élevez aux dignités que les hommes de mérite. Appellez les sages à votre cour. Portez des regards vigilans sur la conduite des Mandarins. Eloignez de votre présence ces êtres dangereux qui versent de toutes parts le noir poison de la médisance. Vivez avec économie. Que vos récompenses et vos châtimens soient proportionnés au mérite ou à la faute. Protégez l'agriculture, l'art militaire et les sciences. Le salut de l'empereur dépend de la félicité de ses sujets. Un prince qui pour s'enrichir accable son peuple, ressemble à un homme qui couperait sa chair par morceaux pour s'engraisser de sa propre substance. Quand le peuple est oppressé, que devient l'empire ? N'est-il pas sur le penchant de sa ruine ? Et quand l'empire tombe en décadence, quel est le sort de l'empereur ? Cherchez dans les anciens souverains de la *Chine* des modeles pour gouverner avec sagesse ; car je ne mérite pas que vous portiez sur moi vos regards : je me suis trop souvent égaré depuis que je tiens les rênes de la monarchie. Aspirez

toujours à la perfection, si vous desirez parvenir à ce juste milieu qui nous conduit à
la vertu. Prenez garde que la splendeur du
pouvoir suprême ne vous inspire de l'orgueil, ou ne vous amollisse ; si vous aviez
ce malheur vous perdriez l'empire, et vous
vous perdriez vous-même ».

P A G E 62.

*Lorsque tu parais sur le trône du plus vaste
empire de l'univers pour t'élancer dans
la carriere que le grand Alexiowitz avait
ouverte à ses successeurs....*

(24) Dans les conférences du grand *Alexiowitz* avec le visir de l'empereur *Ottoman*
sur les bords de *Pruth*, ce ministre ayant
demandé qu'on lui livrât *Cantemir*, qui s'é-
tait soustrait à la domination des *Turcs* pour
se ranger sous la protection de la *Russie*,
le *czar* répondit : J'abandonnerai plutôt aux
Turcs tout le terrein qui s'étend jusqu'à
Curck ; il me restera l'espérance de le recouvrer : mais la perte de ma foi est irrépa-
rable ; je ne peux la violer : *nous n'avons de*

propre que l'honneur; y renoncer c'est ces-
ser d'être monarque.

Cette réponse me paraît plus glorieuse pour
le nom de *Pierre-le-Grand* que la victoire
même de *Pultawa*. *Jean*, roi de France, était
animé par des sentimens aussi sublimes,
lorsqu'il disait à des flatteurs qui lui con-
seillaient de manquer à sa parole : *Quand la*
bonne foi serait bannie de la bouche de
tous les hommes, elle devrait se retrouver
dans celle des rois.

C'est par de tels principes, et non par des
massacres horribles de l'espece humaine,
que les princes méritent le surnom de *grand.*

P A G E 62.

Mais tu recevrais les hommages de tous les
cœurs sensibles et vertueux, si tu pro-
nonçais ces paroles : Je veux que tous
mes sujets soient libres.

(25) Les amis des hommes qui croient devoir exhorter les souverains à faire jouir
tous leurs sujets du don précieux de la liberté, ne peuvent s'empêcher de témoigner
la plus grande surprise de ce que les puis-

sances de l'Europe supportent si patiemment les insultes multipliées des vils corsaires de *l'Afrique*. Il n'est aucun *Européen* qui ne desire avec ardeur l'humiliation de ces brigands féroces, qui par un principe de gouvernement et de religion, ne cessent d'infester nos mers, dé piller nos flottes, faire des incursions sur nos rivages, enchaîner une foule de chrétiens, et les ranger à *Fez*, à *Méquinez*, à *Alger* dans la classe des criminels ou des bêtes de somme. On a vu très-souvent un *Ismaël-Muley*, empereur de *Maroc*, armer son bras d'un pesant cimeterre, et fendre la tête, décapiter, ouvrir le ventre à quarante chrétiens dans un jour. Le tyran ne paraissait satisfait que lorsqu'un fleuve de sang empourprait les pavés de son palais.

Ne verra-t-on jamais les souverains du midi de l'Europe combiner leurs forces, déployer leur puissance, et nettoyer les côtes fertiles de la *Mauritanie* des vautours affamés qui les habitent, pour y envoyer ensuite des colonies, qui s'empresseront de fixer dans leur nouvel asyle l'humanité, la paix et l'abondance, en faisant fleurir les sciences, l'agriculture et le commerce !...

PAGE 74.

Vous nous transplantez dans des pays loin-
tains pour nous faire souffrir tous les
maux qui peuvent affliger l'humanité.

(26) Rien n'est plus affreux que la condition des negres dans nos colonies de l'*Amé-*
rique. Ces infortunés qui sacrifient leur liberté, leur existence à nos folles passions,
y sont exposés à des peines dont on ne saurait se former une idée, à moins d'avoir été
dans ces contrées. Si, pour se dérober à la
fureur de leurs maîtres, ils ont le courage
de prendre la fuite, une loi plus terrible
encore les condamne à perdre une jambe,
et lorsqu'on l'a remplacée par une de bois,
on leur fait tourner, à force de bras, les
moulins de sucre. Quelques coquillages,
des patates, de la morue puante servent
ordinairement de nourriture à ces hommes; leurs habits sont des haillons, leurs
meubles quelques plats de terre, leurs maisons des tanieres d'ours, leurs lits de vieilles
claies plus propres à leur meurtrir les membres qu'à leur procurer les douceurs du som-

meil. Leur travail est presque continuel : à peine goûtent-ils un moment de repos. Nulle récompense pour les plus grands services, cent coups de fouet pour les moindres fautes. Voilà quel est leur sort. On frémit d'indignation, en voyant ces malheureux couverts de sang et le dos déchiré au moindre signal de ceux qui les gouvernent.

Un coquillage, un couteau, un verre d'eau-de-vie suffit quelquefois aux négocians d'*Europe* pour trouver des hommes qu'ils changent en bêtes ; et dans ce commerce abject ces êtres méprisables n'ont pas plus de remords que nos marchands de vaches ou de chevaux. A mesure qu'on fait entrer ces pauvres negres dans nos navires, on enchaîne les hommes deux à deux. La crainte de quitter pour toujours leur patrie les accable d'une sombre tristesse, à laquelle succede le plus violent désespoir. Les uns se laissent mourir de faim, les autres se brisent la tête contre les mâts ; ceux-ci se précipitent dans la mer, et ceux-là s'étouffent en repliant leur langue d'une maniere à être suffoqués dans un instant. Ceux qu'on peut conserver sont transplantés dans nos îles ; et pour lors on leur rase la tête, on leur frotte le corps avec de l'huile , on leur applique ensuite sur le dos une lame d'argent rougie au feu , ce qui s'appelle étamper un negre ; et enfin, on les forme peu-à-peu au rigou- reux travail auquel ils sont condamnés pour le reste de leur vie.

Les ames sensibles, en voyant toutes ces horreurs , ne peuvent s'empêcher de témoi- gner le plus vif desir de voir un jour tous les noirs affranchis du joug qui les écrase ; mais les *colons Américains* et leurs parti- sans entrent dans des convulsions de fureur, dès qu'ils entendent parler de ces principes de bienveillance universelle.

« Que vous êtes absurdes vous autres, s'é- crie l'*Américain*, avec vos expressions em- phatiques d'humanité, de bienfaisance ! N'y a-t-il pas dans les terres de *France* des hom- mes plus malheureux que nos esclaves ! Un propriétaire d'*Amérique* n'est-il pas intéressé à conserver son negre ? Pourquoi le maltrai- terait-il sans raison ? Un écuyer qui veut conserver son cheval l'accable-t-il de coups de fouet ? . . . . Vous parlez beaucoup en fa- veur des noirs ; ne voyez-vous pas que c'est une espece méprisable ? Les *Africains* sont trompeurs, lâches , empoisonneurs ; ils sont

rémplis de vices. . . . On peut dire que c'est
une race très-inférieure à la nôtre : la plupart sont d'une stupidité singulière ; ce sont
des brutes dont on ne peut tirer parti qu'a-
vec un regime sévere . . . Vous voulez leur
donner la liberté. . . eh ! qu'en feront-ils de
cette liberté ? ils en seront embarrassés ; ils
mourront de faim dès qu'ils seront libres . . .
Ce negre, qui est devenu mon esclave, peut-
il se plaindre de son sort ? il aurait été esclave dans son pays , ou peut-être même il
aurait été mangé par ses semblables. En
achetant un *Africain* qui était sur le point
de devenir la proie des anthropophages,
n'ai-je pas fait un acte d'humanité ? n'ai-
je pas rendu le plus grand service à cet individu ? Ignorez-vous qu'en accordant tout-
à-coup la liberté aux negres, vous les armeriez des poignards de la vengeance , et que
tous les blancs des colonies seraïent peut-
être les victimes de leur ressentiment ? Ignorez-vous que la métropole perdra ses colonies ; que votre commerce, vos manufactures tomberont en langueur, et que vous
réduirez au désespoir un très-grand nombre
de familles, si les noirs deviennent libres ?
Ignorez-vous que l'*Amérique* ne peut être
cultivée

cultivée que par des *Africains*, et que ces *Africains* doivent être esclaves ? »

Telles sont les objections qui m'ont été faites dans un *club* par un *Américain*. Je vais essayer d'y répondre.

N'y a-t-il pas dans les terres de France, disent les Américains, des hommes plus malheureux que nos esclaves?

Cela peut être... il y avait beaucoup de malheureux en France ; le peuple était pressuré : tel est le résultat d'un gouvernement absurde... C'est aussi pour mettre un terme à ces maux que la nation a réclamé ses droits. Mais, en vous accordant, Messieurs les *Américains*, qu'il y a parmi nous des individus plus malheureux que vos negres, qu'en résultera-t-il ? Croyez-vous prouver par-là que vos esclaves ne sont pas à plaindre ? Si un homme enfermé dans un cachot se trouve chargé d'une grosse chaîne du poids de quatre-vingt livres, prouverez-vous que le sort de cet individu ne doit pas exciter notre sensibilité, parce qu'il existe un prisonnier chargé d'une chaîne du poids de cent livres ? Au reste, il est fort difficile de

K.

concevoir qu'un homme libre en état de travailler soit plus malheureux que vos esclaves.
Un individu mal nourri, mal logé, excédé
de fatigue, sujet aux caprices d'un despote,
qui est déchiré à coups de fouet pour la
moindre faute, et qui n'a pour perspective
que l'infortune et l'esclavage, de quel bonheur peut-il jouir ? Le sort d'un manouvrier
n'est pas fort agréable parmi nous, j'en conviens : mais enfin, cet homme sait qu'à chaque instant son état peut s'améliorer ; et le
sentiment de sa liberté est propre à lui donner quelque consolation : mais votre negre...
quel tableau lugubre aflige continuellement
ses regards ! ...

*Un propriétaire d'Amérique n'est-il pas
intéressé à conserver son negre ? Pourquoi
le maltraiterait-il sans raison ? Un écuyer
qui veut conserver son cheval l'accable-t-il
de coups de fouet ? ...*

Un écuyer est intéressé à conserver son
cheval ; cependant il le creve quelquefois, en
parcourant sa carriere avec précipitation.
L'homme est en général capricieux et bizarre ; presque toujours il abuse de son au-

torité. L'*Américain* sur-tout dont l'imagination est très-active, est sujet à mille fantaisies; son sang s'allume facilement, et les esclaves qui l'environnent éprouvent tous les jours les funestes effets de sa cruelle impatience et de sa mauvaise humeur. Je pourrais appuyer cette opinion par un très-grand nombre d'exemples.

Vous parlez beaucoup en faveur des noirs; ne voyez-vous pas que c'est une espece méprisable? Les Africains sont trompeurs, lâches, empoisonneurs; ils sont remplis de vices....

Messieurs les colons, vous êtes d'une injustice criante envers les pauvres noirs; vous avilissez, vous dégradez ces individus; vous faites naître dans leur cœur tous les vices de la servitude, et puis vous leur en faites un reproche....

On peut dire que c'est une race très-inférieure à la nôtre: la plupart sont d'une stupidité singuliere.

Cela est faux. Peut-être même ils profite-

raient mieux que vous d'une éducation soi-
gnée. Quels sont les meilleurs ouvriers des
colonies ? ce sont les negres. Ils sont susceptibles de réussir dans tous les genres ; et
derniérement les talens d'un musicien negre
d'environ quinze ans ont excité l'étonnement et l'admiration de tous les *Virtuoses*
de cette capitale.

*Ce sont des brutes dont on ne peut tirer
parti qu'avec un régime sévere.*

Sans doute : c'est une conséquence de l'as-
sertion précédente. Voilà quel est le procédé
des *Américains* ; ils calomnient d'une maniere indigne la race des noirs ; ils la mettent au rang des brutes pour avoir le droit
de la traiter comme telle.

*Vous voulez leur donner la liberté . . . . ;
eh ! qu'en feront-ils de cette liberté ? ils en
seront embarrassés ; ils mourront de faim
dès qu'ils seront libres . . .*

Mais les negres libres qui sont dans les
colonies ne travaillent-ils pas ? . . . Meurent-
ils de faim ceux-là ? Croyez-moi : dès que

vos noirs rétablis dans leurs droits auront pris du goût pour les superfluités européennes, ils travailleront afin de se les procurer. L'homme esclave est lâche et paresseux ; mais l'homme libre dans l'état social est presque toujours excité par le stimulant de l'intérêt personnel et de l'émulation.

Ce negre, qui est devenu mon esclave, peut-il se plaindre de son sort ? Il aurait été esclave dans son pays ; ou peut-être même il aurait été mangé par ses semblables.

Cela est faux. Ils ne sont pas tous destinés à l'esclavage dans les contrées d'*Afrique*. Les *Européens* ont souvent fait enlever des noirs qui jouissaient de la liberté individuelle.... Ce sont eux qui corrompent ces hommes ; ce sont les *Européens* qui, par l'attrait de leurs présens futiles, excitent les noirs à vendre leurs semblables ; ce sont les *Européens* qui sement la division parmi les peuplades *Africaines*. Avant que les marchands d'*Europe* eussent porté leurs vices dans le pays des negres, le nombre des esclaves était beaucoup moins considérable.

K 3

En achetant un Africain qui était sur le point de devenir la proie des anthropophages, n'ai-je pas fait un acte d'humanité ? n'ai-je pas rendu le plus grand service à cet individu ?

Sur cent *Africains* qu'on transporte en *Amérique*, un seul peut-être se trouvait destiné à périr de cette maniere ; et celui-là même doit-il vous avoir une grande obligation ? Il serait mort physiquement, et vous l'avez tué moralement. D'ailleurs, ne meurt-il pas réellement entre vos mains ? Sous la verge de ses nouveaux tyrans, sa mort physique est lente, graduée, et par conséquent plus douloureuse.

Ignorez-vous qu'en accordant tout-à-coup la liberté aux negres, vous les armeriez des poignards de la vengeance, et que tous les blancs des colonies seraient peut-être les victimes de leur ressentiment ? Ignorez-vous que la métropole perdra ses colonies ; que votre commerce, vos manufactures tomberont en langueur, etc. ?

Et qui est-ce qui parle d'accorder tout-à-

coup la liberté aux negres : un homme de
sens commun peut - il avoir cette idée ? Je
déclare très-positivement que je n'ai jamais
pensé qu'il fallût rendre subitement tous les
negres libres dans nos colonies. (Voyez le
discours du *Quaker* à ses noirs dans l'*Essai
philosophique*, page 67.) Il est nécessaire de
préparer les negres à la liberté. Quelquefois
des circonstances singulieres commandent
de ne faire le bien que progressivement. Le
passage brusque de plusieurs milliers d'esclaves à l'indépendance produirait sans doute
une commotion très-dangereuse. Cet affranchissement général causerait la mort ou la
ruine d'un grand nombre d'individus ; il serait funeste, pendant quelque temps, au
commerce de la métropole ; il serait donc
très-impolitique. On ne peut donc accorder
aux negres leurs droits imprescriptibles que
d'une maniere progressive et graduée. Il me
semble qu'il serait possible de concilier les
intérêts de la justice et de l'humanité avec
ceux de la politique. La métropole pourrait
se concerter, à cet effet, avec les députés
des colonies : on pourrait établir que le plan-
teur accordera tous les cinq ans la liberté
au cinquieme de ses negres ; que les esclaves

auront un jour franc par semaine, et seront traités avec moins de rigueur.

Lorsque le colon fera part de ce réglement à ses noirs; lorsqu'il annoncera que dans l'espace de cinq ans la liberté sera le prix de la bonne conduite et du travail, ils s'empresseront de montrer plus d'ardeur, plus d'émulation; et les terres du maître seront mieux cultivées. Les noirs, par ce moyen, seront rendus à la liberté, sans inconvénient, sans secousse, sans commotion violente. En attendant cette époque heureuse, il serait à propos de concourir avec l'*Angleterre* pour l'abolition de la traite. Ce trafic infâme est indigne d'une nation grande, juste, amie de la liberté : il est contraire aux vrais intérêts du commerce, et onéreux au gouvernement français, puisque l'état est obligé d'entretenir, pour cet objet, des établissemens dispendieux en *Afrique*, et de payer annuellement une prime d'environ deux millions cinq cent mille livres : il est également funeste à notre marine, puisqu'il est facile de prouver que la traite cause la mort, ou gangrene le cœur d'un nombre considérable de matelots.

(153)

Ignorez - vous que l'Amérique ne peut être cultivée que par des Africains ; et que ces Africains doivent être esclaves ?

Je conviens que les *Africains* sont plus propres que les *Européens* à cultiver les terres de nos colonies, parce que les premiers sont accoutumés à une température ardente : mais est-il nécessaire que ces terres soient toujours cultivées par des mains esclaves ? Il m'est impossible de le croire. Pourquoi ne pourrait-on pas les faire travailler par des negres journaliers, auxquels on permettrait l'usage des instrumens, et l'emploi des bestiaux propres à faciliter la culture ? —Vous trouverez difficilement des journaliers, disent les *Américains* ; le negre indépendant sera lâche et paresseux. —J'ai déjà répondu à cette objection ; et j'ai fait voir que le negre qui avec la liberté aura contracté de nouveaux besoins, et aura pris du goût pour les superfluités européennes, sera plus empressé à travailler que lorsqu'il se sentait écrasé par le joug de la servitude. Que l'on ne dise point que nos îles seront bientôt un désert, si l'on cesse d'y faire passer d'autres esclaves noirs. C'est l'atroce despotisme qui souffle en tous lieux la mort physique et morale ; mais la liberté favorise singuliérement la population. Quand les negres ne seront plus esclaves dans les colonies, quand ils ne travailleront sous les ordres des planteurs qu'en qualité de journaliers, ils suivront avec joie l'impulsion de la nature ; ils mettront au monde des enfans vigoureux, et les colonies seront prosperes et florissantes sous le regne de la justice, de la concorde et de la liberté.

P A G E 75.

Vous employez les moyens les plus odieux pour séduire nos compagnes, et pour éteindre dans leur ame tout sentiment de pudeur et de fidélité.

(27) Dans le temps de l'expédition de la *Jamaïque* par les *Anglais*, un esclave *Américain* signala sa fureur contre les *Espagnols* ; il en immola un très-grand nombre de sa propre main ; et la cause de son intrépidité était un sentiment violent de jalousie et de vengeance. Il était uni par les nœuds du mariage à une jeune né-

gresse qu'il aimait éperduement, et de laquelle il était chéri de même. L'Américain était aussi heureux qu'on peut l'être dans l'esclavage, lorsque son maître inhumain le plongea tout-à-coup dans le plus affreux désespoir. Celui-ci eut la cruauté d'arracher d'entre les bras de l'esclave cette femme tendre et fidelle qui faisait tout le bonheur de son époux, et la força même de condescendre à ses desirs impurs, en présence de l'Américain. Le mari offensé implora de toutes parts les secours de la justice; mais l'ardeur de ses poursuites ne servit qu'à lui attirer des châtimens rigoureux : il eut la constance de les supporter sans se plaindre, fermement résolu d'en tirer tôt ou tard une vengeance éclatante. Quelques jours après, il trouve le moyen de donner un rendez-vous à sa malheureuse épouse. A son approche des sentimens différens entrent en foule dans son ame : les passions les plus vives se peignent sur son visage : tout son sang fermente dans ses veines : un tumultueux désordre se fait sentir dans tout son être. D'une voix entrecoupée il témoigne à son épouse le regret extrême qu'il a de la perdre ? il lui dit avec l'expression convulsive de la fureur unie à la tendresse : notre félicité, ma chere amie, va disparaître pour toujours…. Tu es innocente, je le sais, de l'affront que tu reçus en ma présence… Mais mon humiliation ne peut être effacée…, et ta vertu… cette vertu céleste qui faisait le charme de mes jours… ne te sera jamais rendue… si je ne puis recevoir dans mes bras une femme déshonorée…, je ne consentirai pas non plus à la voir vivre dans ceux de son ravisseur…. A ces mots, il s'élance avec précipitation, et lui plonge un poignard dans le cœur. Puis fondant en larmes, il l'embrasse avec transport, la presse contre sa poitrine, et la retient dans ses bras jusqu'à ce qu'elle ait exhalé le dernier soupir. Il se réfugie ensuite dans le camp des *Anglais*. Quelques jours après, la guerre se déclare entre les troupes *espagnoles* et *britanniques*. L'*Américain* combat pour ses nouveaux maîtres avec une valeur incroyable. A la vue du violateur de son épouse, les accès de sa fureur redoublent ; il vole vers son ennemi avec la vîtesse de l'aigle, lui reproche sa barbarie, et du même fer dont il avait percé le sein de son épouse le fait tomber mort à ses pieds.

Il sacrifie encore à sa haine implacable un très-grand nombre d'*Espagnols*, et combat avec tant de courage que le général *Anglais* croit devoir récompenser ses services, en lui accordant sa liberté, avec la propriété d'un terrein assez avantageux pour lui procurer une honnête aisance ; mais le souvenir amer de son humiliation et de la mort de son épouse ne pouvant s'effacer de son ame, un voile ténébreux de tristesse se répandit sur ses jours, et il mourut quelque temps après.

P A G E 81.

Je ne dois pas oublier d'exhorter les princes philosophes à jetter un regard de bienveillance et de pitié sur ces tribus vagabondes des Juifs modernes dont l'existence est si déplorable.

(28) On a lieu de croire que la tolérance fera dans ce siecle les progrès les plus rapides : on cessera bientôt de voir dans les *Juifs* des tribus proscrites et frappées d'anathême : ils jouiront de tous les avantages de la société. C'est pour les hommes justes un espoir consolant et flatteur. Nous croyons

néanmoins devoir observer qu'il est à propos, avant d'admettre les Juifs au droit de cité, de les soumettre à un serment particulier. Il nous paraît nécessaire de les obliger à jurer de remplir tous les devoirs de citoyen, de regarder comme leurs frères tous les membres de la cité, de renoncer à l'idée anti-sociale de former une nation particuliere dans une autre nation, et d'éloigner de leur esprit tout préjugé contraire à cette profession de foi patriotique.

Page 86.

La postérité, ce juge si équitable, ne pourra te refuser les titres de roi bienfaisant, généreux. . . .

(29) Dans le temps de la derniere guerre de l'*Amérique*, un parti ennemi n'attribuait à la cour de *France* que des vues d'intérêt et d'ambition. Lorsque le vaillant *Suffren* eut conservé les possessions *hollandaises* de l'*Inde* et le *cap de Bonne-Espérance*, malgré les attaques vigoureuses des *Anglais*, et les obstacles infinis qu'il eut à vaincre, on dit, on répéta plusieurs fois : *Les Français*

garderont le cap, et ne laisseront aux Hollandais que la bonne espérance.

Le traité de paix s'est conclu; et la *France* a rendu le *cap*, et n'a gardé que la *bonne espérance* de passer dans toutes les contrées du monde pour une nation brave et généreuse.

P A G E 86.

Illustre chef de la plus belle monarchie du monde, nous pouvons espérer que les Français verront bientôt tous leurs vœux accomplis.

(30) Cet espoir consolateur porte la sérénité dans mon ame. Roi des *Français*, vous verrez bientôt la monarchie florissante et radieuse; et cette ombre épaisse qui, semblable à un voile funebre, couvre l'horison de la *France*, va disparaître pour toujours. Vous jouirez bientôt des fruits salutaires de la révolution : désormais votre autorité sera fixe et durable. Les loix... les loix augustes de l'empire, semblables à des génies bienfaisans, veilleront soigneusement autour de votre personne, et vous couvriront de

leur égide. Vous ne serez pas agité sans cesse par les fluctuations des ministres ignares ou novateurs ; la marche de l'administration sera plus constante, plus réguliere; vous aurez l'avantage inappréciable de gouverner une nation heureuse et libre ; vous n'aurez plus besoin d'une garde formidable hérissée de sabres et de hallebardes ; vous trouverez dans chaque citoyen un garde, un défenseur, et vous connaîtrez enfin le calme et la sérénité qui fait le bonheur des princes populaires, mais dont les monarques absolus ne jouirent jamais....

Que de vils flatteurs, que des écrivains mercenaires célebrent à l'envi la gloire chimérique des despotes, ces fléaux de l'espece humaine ; qu'ils viennent nous présenter avec emphase les brillans exploits des *César,* des *Charles XII ,* des *Louis XIV ,* nous lancerons sur ces panégyristes ridicules le regard perçant du mépris , et nous les ferons rougir de leur bassesse ; mais si l'on nous parle d'un prince qui a brisé le glaive du pouvoir absolu , et qui ne peut être heureux que du bonheur des peuples ; si l'on nous parle d'un monarque qui s'honore du titre de premier citoyen, et qui ne cherche

la

la gloire que dans le sentier des vertus sociales, nous nous ferons un devoir de brûler
un grain d'encens aux pieds de sa statue....

Princes sans expérience, vous à qui l'adulation vient offrir le sceptre du despotisme,
rappelez le souvenir de l'époque où le roi
de la *Grande-Bretagne* fut frappé de mort
civile. Les loix de l'état ont veillé soigneusement sur cette tête précieuse durant sa
longue maladie ; et dès que ce prince a res-
senti les douces influences de la santé, dès
qu'il a pu s'offrir aux regards du peuple, il
a été accueilli avec les acclamations de l'a-
mour et de l'enthousiasme. Si un despote
oriental avait été affligé du même accident,
aurait-il jamais reparu sur le trône ? Quelles
loix auraient veillé sur lui pendant sa maladie ? Aucune ; puisque durant la mort civile
du prince législateur les loix auraient été
nulles. Son successeur, qui aurait rassemblé
toute l'autorité sur sa tête, aurait donc, selon
toute apparence, sacrifié le prince infortuné
à son ambition.

L

P a g e 86.

La constitution sera établie sur des fonde-
mens solides.

(31) A propos de constitution, mes lecteurs, je crois, ne seront pas fâchés de voir
ce dialogue politique entre un *Français,* un
Anglais, un *Brabançon* et un *Hollandais.*

Le Français.

Ah, ah ! . . . . nous voici donc tous en cocarde. L'*Europe* entiere arborera bientôt
sans doute les couleurs du patriotisme ; et
nous ne tarderons pas à voir, je l'espere, le
Pape et le *grand Turc* en cocarde.

L'Anglais.

Vous paraissez bien content de votre pa-
nache, Monsieur le *Français.* Je souhaite
que cette joie soit durable . . . . notre situation n'est pas aussi consolante que la vôtre.
La liberté fait des progrès parmi vous, et
nous commençons à nous enlacer dans les

pieges du despotisme. .... *Pitt* a de grandes qualités sans doute ; il a donné à l'*Angleterre* le lustre que lui avait fait perdre la guerre de l'*Amérique*. Il a su r'ouvrir les canaux des richesses qui s'étaient fermés à cette époque ; il a raffermi le crédit national ; il a excité la vigilance des loix autour de la personne du monarque, lorsque la raison de ce prince était obscurcie d'un nuage. Je le répete, *Pitt* a des qualités estimables ; mais l'ascendant qu'il vient d'acquérir sera funeste à la patrie. Le fils de *Chatam* est lo *Richelieu* de l'*Angleterre* .... Eveille-toi, fiere *Albion* ; un plus long sommeil serait celui de la mort.

Le Hollandais.

Nous avons bien plus de raison de nous plaindre de notre destinée. Où est maintenant la gloire des *Bataves* ? Qu'est devenue leur passion indomptable pour l'indépendance ? Le despotisme, déguisé sous la forme républicaine, exerce son empire odieux parmi les *Belges* confédérés. Les *Hollandais*, autrefois si fiers de leur liberté, eux qui ne prononçaient qu'avec transport le beau nom de PATRIE , les voilà courbés sous le joug *stadhoudérien* : chez eux les droits de l'homme sont méconnus ; la pensée est esclave ; et ce qu'il y a de plus déplorable encore, c'est une partie du peuple qui a forgé les fers dont la nation entiere est maintenant accablée.... Quels affreux souvenirs déchirent mon ame !..Quelle proscription !.. Les scenes sanglantes qui ont frappé les regards des *Français* ne sont rien en comparaison de celles qui ont effrayé nos provinces.

Le Brabançon.

Notre sort n'est guere plus doux , monsieur le *Hollandais.* Nous avons versé des torrens de sang pour recouvrer la liberté : nous avons déployé toute l'énergie dont nous étions capables : nous sommes parvenus enfin à éloigner du *Brabant* les tigres féroces que le despote *Joseph II* avait lancés dans nos contrées... Et quel avantage nous en revient-il ?... Sommes-nous plus libres qu'auparavant ?... Une odieuse aristocratie s'empare de tous les pouvoirs ; et les loix qu'elle nous impose sont aussi anti-sociales que celles de l'ancien *duc de Brabant*...Mes amis, nous avons fait, je crois, une grande faute. Pour briser le joug de *César*, nous avons donné du ressort au fanatisme religieux; et maintenant ce fanatisme nous écrase.... Les usurpateurs du pouvoir suprême s'efforcent de rendre leur coalition formidable... Les peuples seront-ils long-temps le jouet de ceux qui les gouvernent ?...

Le Français.

Parlons ici avec franchise : tout nous porte à croire que les rois, et *tous les soi-disans souverains* regardent les peuples comme une propriété. On dirait qu'ils ont formé entr'eux une espece de pacte, pour enchaîner le genre humain. En effet, si l'on excepte, en ce moment, l'empire *Français*, les états-unis de *l'Amérique*, deux ou trois cantons *suisses*, quelques petites républiques, comme celle de *Saint-Marin*, et quelques hordes de *Tartares* et de *Sauvages*, l'homme est par-tout dans l'abjection et la servitude ; et l'on voit un petit nombre d'usurpateurs couronnés conduire des millions d'êtres intelligens comme un troupeau de bêtes de somme... Si les *An-glais* jouissent encore d'une ombre de liberté, c'est à la puissance de l'opinion qu'ils en sont redevables. C'est elle qui s'efforce toujours d'opposer des barrieres à la marche insidieuse du pouvoir absolu.

L'Anglais.

Oui, il faut en convenir : quand on porte sur ce globe un regard philosophique, on est agité tour-à-tour par des sentimens d'indignation et de pitié, en voyant la sotte docilité de la plupart des peuples, et les prétentions insultantes de ceux qui les gouvernent.

Le Brabançon.

Une chose bien affligeante pour le vrai philosophe, c'est que, dans tous les temps on verra des peuples imbéciles honteusement courbés sous le joug flétrissant de l'insolent despotisme. « Il en est de la liber-
» té, dit J. J. Rousseau, comme de ces
» alimens solides et succulens, ou de ces
» vins généreux, propres à nourrir et for-

» tifier les tempéramens robustes qui en
» ont l'habitude ; mais qui accablent, rui-
» nent et enivrent les faibles et délicats qui
» n'y sont point faits ». Il y a donc des peuples qui ne sauraient supporter la liberté....
Croyez-vous, Monsieur le *Français*, que la
liberté soit propre à votre tempérament ?
La violente crise où se trouve maintenant la
France ferait croire qu'elle ne lui est pas
bien favorable.

Le Français.

Cette fermentation, ces commotions, ces
secousses violentes ne doivent pas vous surprendre. *La liberté est semblable à un bril-
lant météore qui ne paraît qu'au milieu des
ouragans.* L'anarchie est toujours la ligne de
transition d'une administration défectueuse
à un meilleur gouvernement. Au moment
où l'échafaudage ridicule de l'ancien régime
s'écroule, est-il étonnant qu'il y ait des mouvemens dans la multitude ? Mais dès qu'on
aura établi sur une base solide le majestueux
édifice de la constitution ; dès que la machine
politique aura repris son jeu, alors on verra

renaître le calme et la sécurité, et chacun entrera paisiblement dans sa carriere.

Le Hollandais.

Croyez-vous jouir bientôt de ce temps fortuné ? Pour moi, je ne connais point votre façon de voir ; mais il me semble que vous n'en êtes pas aussi près que vous le pensez. Observez que la perception des impôts éprouve les plus grands obstacles : le capitaliste garde son argent : de riches consommateurs ont quitté la *France :* les partisans de l'ancien régime se coalisent et s'agitent dans l'ombre ; le commerce et l'industrie sont frappés de langueur : le numéraire est fort rare : les soupçons font naître la méfiance, et le peuple murmure. Croyez-moi : j'ai devers moi l'expérience de deux révolutions. J'ai vu tour-à-tour dans les *Provinces Belgiques* la multitude favoriser la liberté, et caresser le despotisme . . . . Il n'est pas à propos peut-être, en ce moment, d'en dire davantage... mais voici ma conclusion. Si la contagion de l'aristocratie pénetre dans les municipalités et l'assemblée législative ; si l'on

(169)

l'on éloigne pendant trop long-temps des
regards du peuple la perspective consolante
qu'on lui a déjà présentée.... vous avez tout
à craindre ; le tableau de vos révolutions
pourrait bien faire le pendant de celles de
Hollande.

Le Français.

Que vos prédictions sont sinistres, Monsieur le *Hollandais* !... Moi, je vois dans
l'avenir des objets plus flatteurs. J'ai bonne
opinion des suites de l'esprit public, et je
me livre avec plaisir à ces idées riantes.

P A G E 87.

*Je n'ai parlé qu'avec le plus grand respect
des princes dignes de commander à des
êtres pensans.*

(32) Lorsqu'en parcourant le vaste théâtre
de l'histoire, la vue des portraits effrayans
des *Cromwel,* des *Gengis-Kan,* des *Cali-
gula* me communique des sentimens de tristesse et d'horreur, je fais renaître en mon
ame la sérénité riante, en fixant mes re-

M

gards sur les statues couronnées de fleurs de ces êtres chéris du ciel qui honorent l'humanité, tels que le brave et vertueux *Epaminondas*, le bon *Henri IV*, ou *Louis*, le restaurateur de la liberté française.

F I N.